[日] **大前研一** 著　朱悦玮 译
KENICHI OHMAE

再教育社会

大前研一　稼ぐ力をつける
「リカレント教育」

北京时代华文书局

图书在版编目（CIP）数据

再教育社会 /（日）大前研一著；朱悦玮译 . — 北京：北京时代华文书局，2021.7
ISBN 978-7-5699-4229-3

Ⅰ.①再… Ⅱ.①大… ②朱… Ⅲ.①老年教育－研究 Ⅳ.① G777

中国版本图书馆 CIP 数据核字（2021）第 129842 号

OHMAE KENICHI KASEGU CHIKARA WO TSUKERU RECURRENT KYOIKU
Copyright © 2019 Kenichi Ohmae
Chinese translation rights in simplified characters arranged with PRESIDENT INC.
through Japan UNI Agency, Inc., Tokyo and Hnahe International (HK) Co., Ltd., Beijing

北京市版权局著作权合同登记号字：01-2020-2614

再教育社会
ZAI JIAOYU SHEHUI

著　　者｜[日]大前研一
译　　者｜朱悦玮

出 版 人｜陈　涛
策划编辑｜周　磊
责任编辑｜周　磊
责任校对｜凤宝莲
装帧设计｜程　慧　迟　稳
责任印制｜訾　敬

出版发行｜北京时代华文书局 http://www.bjsdsj.com.cn
　　　　　北京市东城区安定门外大街 138 号皇城国际大厦 A 座 8 楼
　　　　　邮编：100011　电话：010 - 64267955　64267677

印　　刷｜河北京平诚乾印刷有限公司　010-60247905
　　　　　（如发现印装质量问题，请与印刷厂联系调换）

开　　本｜880 mm×1230 mm　1/32　　印　张｜5.25　　字　数｜100千字
版　　次｜2021 年 10 月第 1 版　　　　印　次｜2021 年 10 月第 1 次印刷
书　　号｜ISBN 978-7-5699-4229-3
定　　价｜39.80 元

版权所有，侵权必究

前言

2018年的时候,"再教育"这个词终于传到了日本。

所谓再教育,指的是完成基础学习的成年人为了提高自身的竞争力而每隔10年左右重新学习新知识。虽然日本人对此知之甚少,但在国际上,再教育可不是什么新鲜词。

早在1969年于法国凡尔赛召开的第六届欧洲文化部部长级会议上,时任瑞典文化部部长的奥洛夫·帕尔梅①就发表了关于再教育的演说。

以此为契机,再教育迅速在世界各国普及。特别是北欧诸国,将再教育作为国家战略大力推广,这也成为北欧企业在全球化竞争中抢得先机的秘密武器。令人遗憾的是,再教育当时在日本并没有得到应有的重视。

日本人虽然也推崇终身学习,但大多学习的是文学和历史等知识,目的在于满足个人兴趣,而非提高职场竞争力。对于已经

---

① 奥洛夫·帕尔梅(Olof Palme,1927年1月30日—1986年2月28日),是1969年至1976年、1982年至1986年间的瑞典首相,他在任内被枪手刺杀身亡。

失去国际竞争力的当今日本来说，是时候将目光从终身教育转移到再教育上面来了。

我在十年前就通过演讲和书籍强调过再教育的必要性，并且在工作之余成立了专门培养创业者的进攻者商业学校（Attackers-Business School，ABS）和开展再教育的大学、大学院①、商业学校等。所有的这些学校都凭借网络技术可以面向全世界的任何地方进行授课。虽然从我个人的角度来说，日本政府现在才意识到再教育的重要性实在是"太迟了"，但政府今后采取的政策仍然值得期待。

为什么日本现在必须认真地推广和普及再教育呢？为了理解这个问题，我们先要搞清楚日本现在所处的经济环境及世界上正在发生的剧烈变化。

在20世纪的日本社会，一个人只要完成大学级别的高等教育就足以应对一辈子的职业生涯了。那时候，人们经历的都是"教育""工作""退休"三点一线式的"单线型"人生。

员工进入公司后所需学习的知识，公司都会通过研修和OJT②

---

① 日本的大学院即研究生院，是学生进行硕士或博士课程学习并取得学位的学习研究机构。
② OJT（On the Job Training）是在工作现场内，上司和技能娴熟的老员工对下属、普通员工和新员工们通过日常的工作，对必要的知识、技能、工作方法等进行教育的一种培训方法。

等方式帮助员工掌握。员工即便被动地学习知识,也足够一直工作到退休。而且,因为员工退休后还拥有丰厚的退休金和养老保险,所以就算自己不去积极主动地学习任何知识,晚年生活也一样可以高枕无忧。

但是,现在一切都变了。随着数字化在整个社会的迅速普及,产业结构的变革也呈现出破坏式加速发展的趋势。也就是说,我们现在已经进入了"数字化革命时代"。

在现有产业都被数字化革命破坏的当今时代,在大学和大学院中学习的知识很快就会过时。仅凭学校里学到的知识根本无法坚持到退休。考虑到仅凭退休金恐怕不足以支付晚年的生活费,所以我们每一个人都必须活到老干到老,永远拥有赚钱养活自己的能力。

所以,我们的人生模式也必须从之前的"单线型"人生转变为不断重复"工作"与"学习"的循环,进入不管在任何地方都能够生存下来的"多舞台型"人生。除了个人积极主动地学习知识之外,我们还需要拥有主动将学到的知识与周围的人分享的态度。不仅工薪阶层,就连企业的经营者也必须认识到当今时代这充满活力的变化。如果说20世纪的经营资源是"人才、物资、资金",

那么 21 世纪的企业所必备的经营资源就是"人才、人才、人才"。将物资和资金商品化，确保拥有高品质的人才才是企业最重要的经营战略。

21 世纪是独自一人也能够引发突破性革新的时代。对于企业来说，能够获得多少杰出的人才是企业生存下去的关键。对于个人来说，是否能够成为杰出的人才则是个人生存下去的关键。

但日本现在的教育系统，仍然沿袭着 20 世纪的问答型教育方式，在当今这个没有标准答案的时代几乎派不上任何用场。如果不以 21 世纪的人才观为基础，对教育方针和企业的人才战略进行改革，那么不管企业还是个人都将走向毁灭。

本书将为大家说明日本所面临的危机状况。在介绍最先进的再教育事例的同时，希望本书能够引发大家对日本今后应该如何加强再教育普及的思考。在这个没有标准答案的时代，我们每个人都需要拥有自己找出答案的突破力。如果本书能够为政府、企业以及希望在 21 世纪生存下来的个人提供一些帮助，将是我最大的荣幸。

大前研一

目 录

第一章　人工智能时代的再教育

日本政府关注再教育的原因　　　　　　　　3

以"活到老、干到老"为前提的学习态度　　7

低欲望社会继续发展下去，日本将成为没落国家　　11

贯穿整个职业生涯的教育　　　　　　　　13

培养不会被人工智能取代的人才　　　　　15

放宽解雇限制　　　　　　　　　　　　　17

"同工同酬"是开倒车　　　　　　　　　19

成为拥有国际竞争力的人才　　　　　　　21

【第一章的关键词】　　　　　　　　　　23

第二章　数字化时代必不可少的再教育

到处都是缺乏专业知识的员工　　　　　　29

充分利用现有人才的日本企业　　　　　　31

混合动力技术有未来吗？	33
以完全自动驾驶为目标的汽车生产企业	36
从"拥有"到"共享"	38
被平台淘汰的日本汽车企业	39
5年后的事情都无法预测	41
日本银行面对的危机	44
三越伊势丹人均1亿日元的人员调整	46
【第二章的关键词】	48

第三章　再教育改变日本的教育

无法满足社会需求的大学教育	53
大学并非成年人再教育的首选场所	55
东京大学在全世界大学中排名第42位	58
日本的论文得不到引用	61
日本拿不到诺贝尔奖的那一天	64
要求互联网大学设置图书馆的政府工作人员	67
过于重视传统学科导致教员不足	69
文部科学省制定的教育方针的局限性	71
认知论	74

国际文凭组织的严格审查 76
没有用武之地的大学毕业生 78
"赚钱力"才是最好的储蓄 80
【第三章的关键词】 83

第四章　北欧、德国等国家的再教育

再教育的发祥地瑞典 89
诞生于再教育文化的 H&M 92
诞生出全球化企业的芬兰 95
从幼年期开始的创业者教育 98
丹麦的"雇佣制度与劳动市场" 100
成为"欧盟优等生"的德国 103
大企业承担的社会教育责任 105
大众汽车的员工教育 107
华为的员工教育 109
逆世界潮流而行的日本 113
【第四章的关键词】 115

第五章　利用再教育培养"构想力"

通过"可视化"激发日本人的潜能	119
不同年龄层应该学习不同的东西	123
"构想"的力量	126
"构想力"的重要性	128
设置新的政府机构	130
告别金字塔形组织的夏普	133
30多岁创业者辈出的Recruit	136
事业顺利转换的Recruit	139
实现事业成长与人才成长良性循环的CyberAgent	141
培养敢于挑战的企业文化的"新人社长"	143
给年轻员工得到充分锻炼的机会	145
对"核心人才"和"非核心人才"分别培养	147
60多岁的再教育是通往终身工作的桥梁	150
退休后创业在东证一部上市的广濑光雄	152
加山雄三的魄力	154
【第五章的关键词】	156

第一章
人工智能时代的再教育

日本政府关注再教育的原因

2017年11月,日本前首相安倍晋三在日本首相官邸召开的"百岁人生时代构想会议"上提出"为了迎接百岁人生时代,必须对普及再教育这一关键问题进行探讨"。

我在得知这个消息之后,不由得感慨"日本政府终于也意识到了"。自从1998年成立商业突破(Business Breakthrough,BBT)大学之后,我一直在强调再教育的必要性,并且通过BBT大学等途径对商务人士进行实践教育。

但在看过日本政府的方针之后,我却发现,日本政府的方针和我理想中的再教育完全不同。我认为再教育应该从年轻人开始并且"坚持终身",而日本政府则只将重点放在对60岁左右的人进行再教育上。

由此可见,将来开始领取退休金的年龄将提高,而退休金的数额则将下降。让即将退休的人在开始领取退休金之前有能力继续赚钱养活自己,这才是日本政府大力推行再教育的真正目的。

安倍晋三在他本人担任议长的未来投资会议上也提到,"保证劳动者一直到70岁都有就业机会",这和日本政府提出的再教育方针基本一致。安倍晋三在要求企业继续雇用退休员工直到 65 岁的同时,还要求增加 65 岁以上劳动者的工作机会(2018 年 10 月 23 日《日本经济新闻》)。

日本政府关注再教育的原因,见图 1-1。

现在日本的退休金是从 65 岁开始领取的。因此当日本人在 60 岁退休时,如果在接下来的 5 年内找不到新的工作,就只能靠退职金[①]和存款维持生计。退休后就算每个月将生活费控制在 15 万日元以内,到 65 岁的这 5 年里共计需要 900 万日元。

但日本政府正计划将退休金的开始领取年龄提高到 75 岁(2014 年,时任厚生劳动大臣的田村宪久透露,政府正在考虑将开始领取退休金的年龄提高到 75 岁)。

在 2017 年 10 月召开的内阁府有识者讨论会上,参会人员总结出了一份要求建立有助于提高退休金开始领取年龄到 70 岁以上制度的报告书。日本政府要求企业必须雇用员工一直到 65 岁,2019 年又修改《高龄者雇佣安定法》,似乎要将雇佣年龄提高到 70 岁。

虽然日本政府对外宣称退休金制度的调整属于"自觉自愿",

---

① 退职金是日本部分企业在员工离职时给的一笔钱。

第一章 人工智能时代的再教育

为什么需要再教育？

~~百岁人生时代的再教育~~ → ~~数字化革命时代的再教育~~

- 日本政府的再教育政策主要针对失业人群和退休后劳动者的再就业
- 传统的人才培训速度跟不上时代的变化速度，人才需求与人才储备之间存在巨大的偏差

- 为了不被人工智能取代，在数字化革命中生存下来
- 掌握不会被时代淘汰的"竞争力"非常重要

21世纪多个国家的教育状况

日本	●仍然沿用明治时代以来工业化时代的人才培养方法 ●对于数字化时代应该培养怎样的人才这一问题，文部科学省没有采取任何应对措施 ●继续这样下去，日本人在21世纪中期将真正成为"劣等民族"
北欧多国	●如何在没有标准答案的社会中发挥领导能力，假设、验证、实现 ●英语化教育，吸引全欧洲的学生前来留学 ●培养能够在全世界任何地方发挥才能的人才
美国	●吸引全世界最优秀的研究者和人才聚集到美国的高等教育机构 ●收入和职位会随着跳槽而得到提高，激发个人参加再教育的欲望
中国	●中央政府决定的教育政策执行效率高 ●全国各地都有中欧国际工商学院等再教育机构（MBA大学） ●欧美的教授能够在中国用英语授课 ●在人工智能方面的论文数量比肩美国

出处：BBT大学综合研究所资料 ©BBT Research Institute All rights reserved.

图1-1 提高劳动者赚钱能力的"再教育"

但迟早会以法律法规的形式规定下来，套用在所有国民的身上，这已经是日本政府的惯用手段了。现在还没退休的人应该尽早为75岁开始才能领取退休金这件事做好准备。

今后如果日本人真的从75岁开始才能领取退休金，按照一个月生活费15万日元计算，从65到75岁的10年共计需要1800万日元。这样的话，恐怕绝大多数人的退职金和存款都坚持不到领取退休金的时候。

从今往后，要想平稳地度过从60到75岁的这15年，一生都不被金钱问题困扰，我们每一个人都必须掌握"赚钱的能力"。因此，我们必须从年轻的时候开始，就主动接受再教育。如果日本政府打算将开始领取退休金的年龄提高到75岁，就应该从更年轻的群体开始普及再教育。

以"活到老、干到老"为前提的学习态度

在"百岁人生时代构想会议"的与会成员中，包括《百岁人生：长寿时代的生活与工作》的作者——伦敦商学院教授琳达·格拉顿，是她率先将"百岁人生时代"的概念引入日本。

她在著作中指出，随着长寿化在全世界范围内的普及，不管工作还是人生都需要以多舞台的形式为基础来进行思考。这和我提出的再教育理念不谋而合，见图1-2。

日本政府虽然邀请了琳达·格拉顿参加会议，关注的重点却仍然是眼前的年金问题。

尽管这偏离了再教育的本意，但日本政府也有自己的难处。日本现行的退休金制度已经接近极限，日本所面临的养老问题的形势可以说是一年比一年严峻。

在日本开始执行退休金制度的20世纪60年代，每1名老人有11名劳动者（20～65岁）供养，但现在每1名老人只有2名劳动者供养。今后如果领取退休金的人继续增加，现行的退休金制度显然无法维持下去。

根据人口统计学的数字模拟可以得知，2007年出生的日本人

再教育社会

2007年出生的孩子的预期寿命

国家	岁数
日本	107
美国	104
意大利	104
法国	104
加拿大	104
英国	103
德国	102

从"单线型"人生转变为"多舞台型"人生

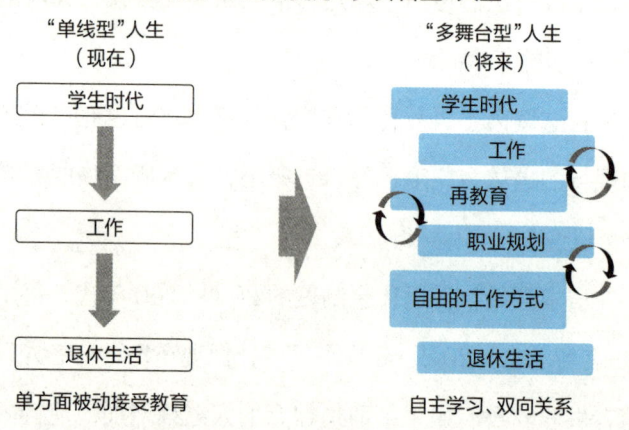

"单线型"人生（现在）：
学生时代 → 工作 → 退休生活

单方面被动接受教育

"多舞台型"人生（将来）：
学生时代、工作、再教育、职业规划、自由的工作方式、退休生活

自主学习、双向关系

出处：基于 Human Mortality Database, University of California Berkeley、琳达·格拉顿《百岁人生：长寿时代的生活和工作》等资料制作 ©BBT Research Institute All rights reserved.

图1-2 随着百岁人生时代的来临，将人生转变为多舞台模式的"再教育"变得越发重要

中将有一半可能活到107岁。20世纪日本人的平均寿命为80岁，与之相比将来日本人在退休后的剩余寿命将比现在多一倍。

在"80岁人生时代"，60岁退休之后仅凭退休金就足够度过剩余的20年人生。日本的社会保障和企业的人事制度也都是以此为前提设计的，个人也以此为基准制订自己的人生计划。但是，很显然这一切现在已经行不通了。

为了转变为适合21世纪的人生模式，必须以"活到老、干到老"为前提。60岁之后继续工作是理所当然，我们每个人都应做好不管多大年纪都要自食其力照顾自己的心理准备，并且掌握相应的生存技能。

但如果等到了60岁的时候才接受再教育，恐怕很难适应剧烈变化的时代，最多也就只能从事简单的事务性工作了。

日本的很多职场人一过50岁就好像快要跑到终点了一样，完全失去了上进心。特别是工作多年的职场"老油条"，不再愿意进行新的尝试和挑战，拿着高额的工资，生产效率却极低，成为公司沉重的负担。

从今往后如果还保持这种消极的工作态度，必将在激烈的竞争中遭到淘汰。一个人就算没有成为公司的核心人才，退休后也仍然有许多发挥余热的方法。如果一个人没有上进心，在组织内原地踏步，对个人来说无异于自取灭亡。

构筑一个企业和政府在人生的每一个阶段都能够提供相应再教育的体制，让每个人都养成"活到老、学到老"的习惯，是21世纪日本面临的最大课题。

低欲望社会继续发展下去，日本将成为没落国家

我将当今日本社会出现的经济发展缓慢、大众消费意愿极度萎缩的状况命名为"低欲望社会"。

虽然日本政府一直强调要恢复经济，但日本通货紧缩的状况一如既往，连日本中央银行提出的物价上涨 2% 的通胀目标都没能实现。在将目标达成的时间连续推迟了 6 次之后，日本政府后来宣布将在 2019 年度达成这个目标。但不知何时，达成目标的时间被删除了，可见日本政府也已经放弃实现这个目标了。

本来日本就处于物价不上涨、收入不增加的低欲望社会发展期，随着"百岁人生时代"这个概念在日本传播，上述趋势变得越发明显。

日本的个人金融资产已经高达 1800 万亿日元，其中绝大部分都集中在时间充裕的老年人手中，但他们对消费的欲望却并不高。因为害怕身患重病或者仅凭退休金无法维持生计，所以日本的老年人都十分节俭，热衷于储蓄。这些"以防万一"的存款很有可能永远也没有被使用的机会。

老年人之所以不敢花钱，是因为"依靠退休金无法安度晚年"

的观念根深蒂固。

老年人并不是不想花钱。他们也有自己的兴趣爱好，也想尽情地享受人生，但对以"80岁人生"为前提制订人生规划的他们来说，在听到"百岁人生"这个概念的时候受到的冲击一定非常强烈吧。

本以为60岁退休之后，用退休金和退职金足够安度晚年到80岁，结果现在又突然要多活20年。如果活到100岁的话，在60岁退休之后，夫妇两人需要存够继续生活40年的生活费。这样一来，想让老人增加消费更是难上加难。

我为了让大家都能够度过充实的人生，曾经写过一本书叫作《从50岁开始的"赚钱力"》。我认为"赚钱力"才是最好的"储蓄"。如果大家都能拥有这样的想法，每个人都主动地提高自己的赚钱力，那么就能一生都享受生活，过得幸福快乐。

低欲望社会并不是日本人理想的生活模式。为了让每个人都能在人生的旅途中笑到最后，现在是时候对再教育进行认真的思考了。

贯穿整个职业生涯的教育

虽然再教育什么时候都可以开始,但最好能在40岁之前就让自己掌握赚钱的能力。为了实现这一目标,需要建立起一个从25岁开始每隔10年进行一次再教育的体制。

再教育与学校教育、终身学习的对比,见图1-3。

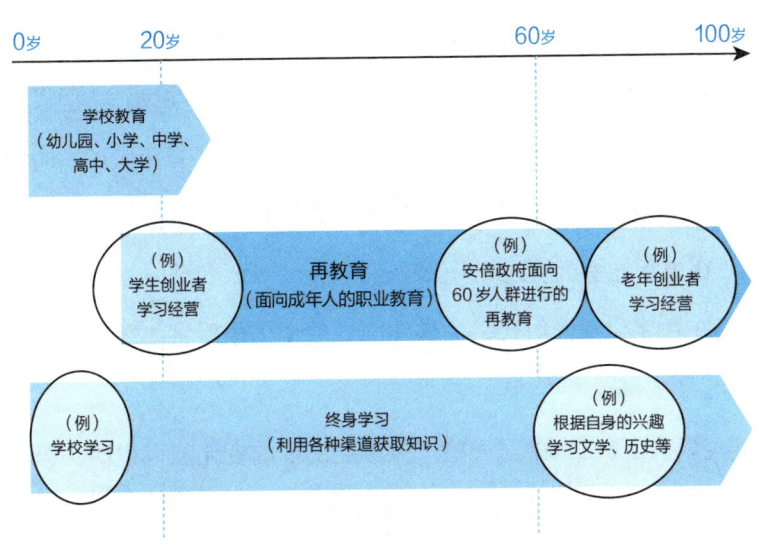

出处:基于琳达·格拉顿《百岁人生:长寿时代的生活与工作》,东洋经济周刊等资料制作 ©BBT Research Institute All rights reserved.

图1-3 再教育与学校教育、终身学习的对比

现在的日本企业仍然认为"在学校掌握的技能够用一辈子""工作需要的技能边干边学即可",对员工的培训也都集中在刚入职的时候。

在过去那个日本从欧美学习技术和经验,不断在后面追赶的年代,这种做法或许没什么问题。

但 21 世纪是不管企业的新人还是高层管理者,只要不持续学习新知识就会被淘汰的时代。曾经那个只需要前辈将自己的工作方法教给后辈就万事大吉的时代已经一去不复返了。

20 世纪几乎垄断整个胶卷市场的柯达,在 20 世纪 90 年代后半段数码相机出现之后迅速衰退,最终在 2012 年宣布破产。而索尼和佳能虽然通过转变市场战略开发数码相机而生存下来,如今也正在被智能手机侵蚀市场份额。

在数字化革命时代,像这样剧烈的变化今后将出现在所有的产业。

我将在第二章中对一些产业可能出现的变化加以说明,但不管身处在任何行业,都必须坚持学习才能保证不被淘汰。

培养不会被人工智能取代的人才

从当今的状况来看或许难以想象,但日本曾经也有过与其他国家相比优势在于"拥有优秀人才"的时代。

在20世纪,日本将欧美的发达国家当作自己的追赶目标,所以只要不断努力发展即可。

物美价廉的日本制造席卷整个世界的时代着实令人怀念。在那个时候,日本企业只需要对员工进行内部培训就足以在全球化竞争中获胜。

特别是20世纪后半段,日本甚至在与美国的贸易竞争中占得先机。在当时的贸易环境下,只要朝着"生产出更好、更快、更小的产品"这一目标前进,就能取得胜利。而非常善于向目标冲刺的日本就这样走在了世界的前面。

但进入21世纪之后,数字化革命时代来临,每个国家和企业甚至个人都需要根据时代的变化自己设定目标。因此,日本需要对自从20世纪开始至今都没有任何改变的人才培养方法进行根本性的改革。

在大数据爆发式增长的当今时代,人工智能超越人类能力的

"奇点"日益临近。虽然关于这一天究竟何时到来众说纷纭,但大致上可以认为是在2040年前后。

"奇点"到来之后,由于人类在某些方面与人工智能相比存在巨大的差距,因此现在许多只有人类才能从事的工作都将由人工智能等数字化技术承担。要想在那个时代生存下去,人类只能从事拥有独特附加值的工作。

放宽解雇限制

为了培养出能够适应数字化时代要求的人才,"放宽解雇限制"和"加强社会保障"必须同时实施。德国就通过推出这两项改革实现了持续的经济增长。

放宽解雇限制,是为了解决"企业无法清理冗余人员"的问题。如果解雇限制太多,那些缺乏进取意识的人就会更加不思进取,这会导致企业失去竞争力,甚至降低日本整个国家的竞争力。

如果企业能够清理掉冗余的人员,就可以持续吸收优秀的人才,节省下来的资金还可以用来对员工进行培训。

但政府不能只是放宽解雇限制,同时还要"加强社会保障",让被解雇的人拥有重新学习,进而再次上岗的机会。具体来说,就是政府应增加失业保险,完善对失业人员的职业培训制度。

但日本政府采取的却是完全相反的政策。日本政府要求企业将兼职员工与合同工都雇用为正式员工,这样只会使企业更加难以清理冗余人员。

安倍晋三还将"劳动方式改革"强加给企业。这项法案要求企业缩短加班时间、增加休假天数,同时还要提高工资水平。这样下去日本的企业只会越发失去国际竞争力。而经济体联合会居然对这项法案表示支持，实在是让人大跌眼镜。

单方面保护劳动者的权利，一味地增加休息时间并提高工资，今后日本的工作机会将全都被劳动力成本更低的新兴国家抢走。

日本企业仍然坚持优先雇用应届毕业生的雇佣制度也存在问题。从应届毕业生和非应届毕业生的雇用比例上来看，应届毕业生的雇用数量是非应届毕业生的 2.5 倍，我认为今后应该将这个比例反过来。

从现状来看，应届毕业生在入职三年后的离职率高达 30% 以上，这在无形中浪费了大量的招聘成本和培训成本。与之相比，对企业已经有一定了解的非应届毕业生在入职后的稳定度更高，所以更多地雇用非应届毕业生，并对其进行合理的培训是企业从今往后更加明智的选择。

"同工同酬"是开倒车

安倍晋三提出的"同工同酬"也存在很大的问题。在21世纪经济无国界的大环境下，如果只有日本实行同工同酬制度，那么日本企业的竞争力只会越来越弱。

世界上所有的企业，不管成立于何处，都会将生产基地放在劳动力最便宜的地方。如果同样的工作内容，国外的工资只有国内的五分之一，那企业肯定会流向国外，这道理简直再明白不过了。也就是说，安倍晋三提出的"同工同酬"就相当于在告诉日本的企业，"去国外雇用人才吧""去工资更便宜的国外建厂吧"。

日本政府给每月加班时间规定了60个小时的上限（超时的话需要支付高额的加班费），也让我大为不解。以现在的数据为基础对超过60小时之后的加班费进行计算可以得知，这部分的加班费高达8.5万亿日元，相当于日本GDP的1.6%。也就是说，政府在没有采取任何提高生产效率的政策的同时，却给加班时间设置了上限，仅此一项举措就使日本的GDP减少了1.6%。

或许会有人认为我这样说是在"压榨弱者""维护强者"，但如果只是单方面保护劳动者的权利，恐怕会使日本企业陷入困境。一旦企业破产，别说加班费了，就连工资也发不出来，最终受损失最大的还是劳动者。

　　对于应该维护劳动者最基本的权利这一点我并不否认，但对于日本政府一味削弱日本的企业和个人竞争力的做法，我实在是无法苟同。我认为日本现在急需建立起完善的再教育体制，让"失业期间＝下一项工作的准备期间"的意识在每一个日本国民的心中普及。

第一章　人工智能时代的再教育

成为拥有国际竞争力的人才

百岁人生时代构想会议在2018年6月公布了"人才革命"的基本构想，包括"幼儿教育免费化""高等教育免费化""大学改革""再教育""促进老年人雇用"这五个方面。

虽然日本政府公布了教育免费化的实施日期，但关于大学改革和再教育这两个方面，既没有公布具体措施也没有公布实施日期，因此是否有效很值得怀疑。

如果日本政府真的想实行"人才革命"，就必须培养出不管走到世界任何地方都能充分发挥出领导能力的人才。哪怕这样的人才数量稀少也没关系，只要培养出这样的人才，就一定能够给日本社会带来强有力的冲击，甚至可能引领日本经济爆发式增长。

亚马逊的创始人杰夫·贝佐斯、特斯拉的创始人埃隆·马斯克、阿里巴巴的创始人马云、腾讯的创始人马化腾都是非常优秀的创业领导者。日本必须建立起一个能够接连不断地培养出像上述这些创业者的体制。

杰夫·贝佐斯曾经在华尔街的金融机构工作，后来他辞去工作跑到西雅图开了一家网络书店，最终发展成为电子商务巨头。

亚马逊旗下还有全世界最大的云计算服务公司——亚马逊云计算服务（AWS），并通过这家公司赚取了巨额的利润。

激动人心的 21 世纪是个人比拥有技术和资本的组织更容易取得突破，进而引发变革的时代。

因此，政府有必要尽快建立起一个完善的社会和教育体制，以便于培养出能够开创全新的商业模式、为整个世界带来改变的优秀人才。我衷心地希望日本政府切实地推行能够培养出这种人才的"真正的人才革命"。

【第一章的关键词】

再教育

再教育是经济合作与发展组织（OECD）于20世纪70年代提出的教育理念，为已经开始工作的劳动者提供终身的教育和培训。再教育的英文为recurrent education，其中recurrent意为"循环、重复"。

数字化革命时代

数字化革命时代是数字化带来的变革给现有产业带来破坏性变革的时代。引发变革的人被称为"创造性的破坏者"。

"单线型"人生模式

"单线型"人生模式是由"教育""工作""退休"三点组成，是20世纪非常普遍的人生模式。

"多舞台型"人生模式

"多舞台型"人生模式是与"单线型"人生模式相对应的概念,这是一生经历多种教育和职业的人生模式,被认为是适合老龄化社会的。

百岁人生时代

百岁人生时代是英国伦敦商学院教授琳达·格拉顿在其著作《百岁人生:长寿时代的工作与生活》中提出的概念,人均寿命超过 100 岁的社会。

低欲望社会

低欲望社会是泡沫经济崩溃后,国民因为工资不再上涨和对将来的不安而失去消费欲望的日本社会状况。

大数据

大数据是传统的数据库管理系统难以管理的庞大数据集合。随着数据分析技术的进步,大数据可以应用于天气预报和人类行为分析等方面。

奇点

奇点是美国的未来学家雷·库兹韦尔提出的概念,指的是人工智能超越人类智慧的转折点。科技的飞速发展在给人类带来诸多便利的同时,人们对被人工智能夺走工作机会的担忧也越发明显。

劳动方式改革

劳动方式改革是日本政府为了实现"一亿总活跃社会"[1]的目标而制定的政策,内容包括"改善非正式员工的待遇""提高工资与生产效率""消除加班""营造有利于弹性工作方式的环境"等。

同工同酬

同工同酬旨在消除同一企业或劳动团体中,正式员工与非正式员工之间存在的不合理的待遇差距。作为日本政府提出的"一亿总活跃社会"政策的一环,相关的法律法规正在制定中。

---

[1] "一亿总活跃社会"是指把日本建设成一个国民人人都能在家庭和职场活跃的社会。

第二章

数字化时代必不可少的再教育

到处都是缺乏专业知识的员工

21世纪是"没有标准答案的时代"。人工智能（AI）和物联网（IoT）极大地改变了产业结构，任何人都无法预知产业未来的发展趋势。

身处这样的时代，每个人都必须坚持独立思考，不断地想出创意、引发革新，但日本的白领却并没有养成这样的思考习惯。

导致这一问题的原因，就在于日本从经济飞速发展的时期开始就大量雇用应届毕业生。新员工做的都是和前辈们一样的工作，只要按照和前辈一样的工作方法就能够拿到薪水。"综合职"[①]虽然听起来很高大上，但其实就是没有名片的多能工。表面上是什么工作都能胜任的万金油，但实际上却没有任何不可替代的专业技能。日本企业的员工大多安于现状，怎么可能引发革新呢？结果，日本企业在信息化技术和众包（通过网络将工作外包给非特定的多数人完成）都尚未发展成熟的时候迎来了21世纪。

要想提高工作效率，标准作业流程（Standard Operation

[①] "综合职"是一种从企业的角度思考和承担企业主干业务的职位，是企业的骨干人员、中坚力量和储备干部，将来可能被委任成为部门的管理者。"综合职"会根据企业的需要进行内部部门和工作地点的调整。

Procedure，SOP）是必不可少的。通过将业务涉及的工作和流程详细地书面化，以保证业务的品质，这是国际商务的常识。但日本却没有确立起这样的工作方法，一直都是前任员工将工作方法口头传达给继任者。在这样的情况下，日本企业就很难利用信息与通信技术（Information and Communications Technology，ICT）提高一部分业务的工作效率。无法提高工作效率，又导致员工没有多余的时间去思考如何提高附加价值。

由于日本企业内到处都充斥着缺乏专业知识的员工，就算现在要求他们"引发革新"，恐怕他们也很难做到。因此，当务之急是先利用信息技术和众包提高现有业务的效率。

我认为，从今往后企业经营者必须充分利用以下三种资源：云计算、众包、众筹。

其中最重要的就是众包。只要在互联网上发布"我想找人做这份工作"的信息，就会从世界各地收到"我可以做"的回应，应该积极地利用这些人。

灵活地利用全世界优秀人才的力量，可以使自己公司的员工从单纯的事务性工作中解放出来，将精力集中在思考上。这样一来，员工们的能力将得到极大的提高。但遗憾的是，现在日本企业并没有将众包的优势充分地利用起来。

充分利用现有人才的日本企业

日本企业的问题在于,雇用人才时不考虑具体的工作内容。当有工作要做时,只能根据企业现有的人才来分配工作任务,也就是"以人才为基础"的人事制度。

身为企业的员工,只能被动地接受组织安排下来的任务,比如"你去做这项工作""你被安排在这个部门"。由于日本采用的是"年功序列、定年退休"[①]的组织运营模式,所以企业的人事工作安排更倾向于"如何充分利用现有人才"。但这样一来,企业更加难以判断哪个人适合哪项工作,从长远的角度来看,也不利于培养员工的专业技能。

欧美企业则和日本企业完全相反,采用的是"以工作为基础"的人事制度。欧美企业首先明确自己要完成什么工作,然后以此为基础去雇用合适的人才。只有应聘者证明自己确实胜任这份工作才能得到雇用。而且在入职后进行人事考核的时候,企业可以根据员工是否胜任工作内容作为考核的基准,一旦员工考核未达

---

① 年功序列制是日本企业按职工年龄、企业工龄、学历等条件,逐年给职工增加工资的一种工资制度。

标就可以当场解雇。"我们找你来就是做这项工作,但你完全不能胜任,你赶紧收拾东西走人吧",就像这样。

反之,如果员工取得了工作成果,企业就会试着给他安排难度更高的工作,进一步提高员工的专业能力。

在变化十分激烈的当今时代,显然"以工作为基础"的人事制度比"以人才为基础"的人事制度更加合理。但对于一直统一雇用应届毕业生和采用年功序列制的日本企业来说,想效仿欧美企业导入"以工作为基础"的人事制度并不容易。

日本是世界上解雇员工最难的国家,所以难免会出现人才能力与工作内容不匹配的情况。这种无法在必要的时期雇用必要人才的人事问题,已经成为严重限制日本企业发展的枷锁。

第二章 数字化时代必不可少的再教育

混合动力技术有未来吗？

在数字化革命时代，大学里学到的知识和技术也无法保证受用一生。包括大学老师在内的所有职业，如果不及时学习最新的知识和技术，随时可能有失业的危险。

从今往后各行各业可能发生的变化，见图 2-1。

行业	数字化革命的影响	参考企业
汽车	随着CASE[1]和MaaS[2]的发展，今后的汽车将成为一种附属品，汽车行业的雇员将大幅减少	优步（Uber）、来福车（Lyft）、滴滴、Waymo（韦莫）、Car2go（车去）
银行	FinTech[3]、无现金结算、人工智能信贷、区块链技术等将取代银行	支付宝、芝麻信用、微信支付、二维码支付等
零售	电子商务、无人店铺、C2C、共享经济等改变了零售行业的生态	BUYMA（买马）、亚马逊、阿里巴巴、Mercari（麦卡里）
媒体	动画、电影、音乐内容的网络订阅服务取代广播、电视和音像租赁公司	奈飞（Netflix）、hulu（葫芦网）、声田（Spotify）
住宿	通过共享闲置房屋提供大量廉价的住宿服务，使拥有固定设施和设备的现有旅馆行业陷入苦战	爱彼迎（Airbnb）、各种民宿
人才派遣	人才派遣公司被众包取代	UpWork（上工作网）、CrowdWorks（大众工作网）、领英（LinkedIn）

说明
- 在经济无国界与数字化革命的时代，经济环境几乎每天都在发生变化；
- 如果不坚持学习新知识和新技术将跟不上数字化革命时代经济变化的脚步

出处：BBT 大学综合研究所 ©BBT Research Institute All rights reserved.

图 2-1 各行业需要"再教育"的原因

---

① CASE是有关汽车新技术和潮流的新名词，由以下四个词的首字母组合而成：Connected（联网功能）、Autonomous（自动驾驶）、Share&Service（共享服务）、Electric（电动化）。
② MaaS是Mobility as a Service的缩写，即"出行即服务"，是指通过共享汽车等方式，让使用者在自己没有汽车的情况下也能够享受出行服务。
③ Fintech，Financial（金融）与Technology（科技）结合组成的新词，意为金融科技。

33

汽车是日本最具代表性的产业，曾经在20世纪席卷整个世界。但受数字化革命的影响，汽车产业今后也将发生巨大的变化。

即便是汽车行业的专家，也很难预测15年之后的行业状况。

自从20世纪初期亨利·福特成功实现汽车的大批量生产至今，汽车产业已经发展了100余年，可以说完全进入成熟期。与汽车相关的供应链遍及全球，仅日本就有接近3.1万座加油站，还有大量诸如汽车保险、汽车维修等相关产业存在。

如此成熟且庞大的汽车产业，一样逃不开数字化革命带来的影响。请想象一下，当汽车不再使用汽油而是用电力驱动的时候，众多的加油站将何去何从呢？

如今，电动汽车（Electric Vehicle，EV）开始在全世界普及，汽车行业的版图也正在被改写。特别是中国的电动汽车普及速度极快，有统计数据表明，2020年中国售出了110万辆电动汽车。

反观日本，日本的汽车生产企业将大量精力都放在利用汽油与电力两个动力源来行驶的"混合动力汽车"的开发上，电动汽车的开发速度则相对缓慢。

但有一点需要注意，那就是日本主推的混合动力汽车将来存在卖不出去的危险。世界各国都在不断加强环境保护政策，排放二氧化碳的混合动力汽车从严格意义上来说并不能算作是环保汽车。

美国加利福尼亚州自从20世纪90年代就推出了零排放汽车（Zero Emission Vehicle，ZEV）政策，要求在加利福尼亚州境内销售的汽车中必须包括一定数量以上的ZEV。这项政策在2018年又进一步强化，将混合动力汽车排除在ZEV的范围之外。

目前ZEV政策大有在整个美国普及的趋势，混合动力汽车的销量将因此受到巨大的影响，所以日本的汽车生产企业也应该加快对电动汽车的开发速度。

随着电动汽车的普及，加油站的经营也将面临困境。因为电动汽车在家就能充电，也就没必要特意跑到加油站去。而且电动汽车的零件数量只有汽油汽车的十分之一左右，一旦燃油汽车被电动汽车彻底取代，整个汽车产业的供应链都将面临崩溃的危机。

以完全自动驾驶为目标的汽车生产企业

与汽车电动化同样,"自动驾驶"技术也将对汽车产业的结构造成影响。

让我们以美国国际自动机工程师学会(SAE International)制定的自动驾驶等级指标为基准,看一看自动驾驶技术现在的状况。

自动驾驶技术的指标,从等级 0 到等级 5 分为 6 个阶段。

从等级 0 到等级 2,都是自动驾驶系统对转向和加减速等操作进行辅助,主要还是依靠驾驶员来操控汽车,等级 3 以上才是我们普遍认为的自动驾驶。

等级 3 是自动驾驶系统进行全部的驾驶操作,驾驶员只需要在紧急状态下对汽车进行控制,驾驶基本上实现了自动化。

德国的奥迪汽车推出的奥迪 A8 就配备了等级 3 的自动驾驶系统,是世界上最早将这一技术应用于实际使用的汽车。

日本的汽车生产厂商还没有生产出达到等级 3 的汽车。丰田汽车宣称,要在 2021 年推出拥有相当于等级 3 自动驾驶系统的汽车,本田似乎也有类似的动向。

一旦安全便捷的自动驾驶汽车成为现实，那么出租车和公共交通机构的驾驶员就将失业，就像福特 T 型车的出现使马车退出日常交通工具的行列一样。

汽车保险公司也会受到相当沉重的打击。虽然它们也可以推出针对自动驾驶汽车的新险种，但现有的商业模式必将面临巨大的挑战。

驾驶学校也一样，除了极少数的驾驶爱好者之外，人们再也没有考驾照的必要，驾驶学校恐怕将从此销声匿迹。

现在年轻人对汽车的热情与之前相比大幅降低，汽车行业的业绩已经出现恶化，同时还要面对经营环境的剧烈变化。如果汽车行业的相关者不及时对自身的商业模式重新进行审视，就无法在即将到来的巨变中生存下来。

从"拥有"到"共享"

将来，有出行需求的人只需要拿出智能手机叫一辆汽车，然后就可以让汽车自动驾驶带自己抵达目的地。当这一切成为现实之后，拼车的市场也将急速扩大。

届时自己拥有汽车的人将越来越少。现在居住在东京中心区的人平均每个月花费在汽车上的开销在10万日元左右，但如果能找到人一起拼车的话，每个月养车的费用只要几万日元就够了。如果这种拼车的趋势继续扩大，那么汽车的销售数量将下降30%。

奔驰和宝马已经通过一家名叫Car2go的企业开始尝试共享汽车业务。用户可以通过智能手机来寻找距离自己最近的汽车，用完后只要将汽车停好就可以走了。

日本目前还没有与拼车相关的法律法规，但没有第二类驾照[①]的人有偿为他人提供乘车服务被看作是违法的行为，所以拼车还没有发展到商业化的程度。针对这种状况，软银集团的孙正义董事长曾经愤怒地表示"日本政府在阻止日本企业向适应未来进化"，不过今后日本政府很有可能会放宽对拼车的限制。

---

① 日本的第二类驾照为出租车司机专用驾照。

被平台淘汰的日本汽车企业

面对汽车电动化和自动驾驶化的未来，日本的汽车生产企业应该制定怎样的战略来加以应对呢？

日本现在也能够应对汽车电动化的发展。丰田等企业开发的插电式混合动力汽车（Plug-in Hybrid Vehicle，PHV）可以当作"能使用汽油的电动汽车"来进行销售。在有排放限制的地区作为电动汽车以电力驱动，而需要长距离行驶的时候可以使用汽油作为备用动力，消费者应该更容易接受这样的设计，毕竟加油比充电更加方便可靠。但自动驾驶和共享汽车的发展速度越来越快，对于日本的汽车企业来说确实是一个比较严重的问题。

像拼车这样被归类于共享经济的服务统称为出行即服务（Mobility as a Service，MaaS），而将移动手段本身作为服务提供的企业可以说是现有汽车生产企业最大的威胁。

拥有平台的公司同时也拥有顾客信息，因此可以根据顾客的具体情况提供最合适的服务，而日本的汽车生产企业则完全没有这样做。比如，到目前为止，我总共购买过10辆以上的丰田汽车，但丰田公司根本不知道这件事，而且就算知道了恐怕也不会灵活地利用这个数据，在开展 MaaS 的时候这将成为致命的缺陷。谷歌和通用汽车都在自动驾驶技术上投入了大量的资金，也取得了不俗的成果。与之相比，日本由于法律法规的限制太多，甚至连真车实验都做不了，这也导致日本的汽车企业在这方面发展缓慢。

将汽车产业出现的这些个别现象综合起来分析之后不难发现，如今规模高达 50 万亿日元的汽车市场在今后的 10 年内恐怕会发生巨大的震荡。

丰田的广告词是"Fun to drive, again"（再次享受驾驶的乐趣），马自达的广告词是"Be a driver"（做个车手），面对自动驾驶的发展趋势，这些企业竟然还在强调"drive"（驾驶）。我真的不明白日本的汽车生产企业究竟想要采取什么样的战略。

5年后的事情都无法预测

银行曾经是工作稳定与高收入的代名词,常年排在就职意向的前列。但随着科技的不断进步,银行业却并没有跟上时代的脚步,未来的发展方向一片迷茫。

银行的业务主要由存款、投资、借贷三方面组成。但这些业务正在逐渐被金融科技所取代。

让我们通过中国企业的案例来看一看金融界正在发生的变化。

蚂蚁科技集团股份有限公司(以下简称"蚂蚁集团")提供的金融服务"余额宝"是一种货币市场基金,其特点是操作简便、低门槛、零手续费、可随取随用。除理财功能外,余额宝还可直接用于购物、转账、缴费还款等消费支付,是移动互联网时代的现金管理工具。余额宝凭借超过高于银行的利率成功地吸引到了多达28万亿日元的资金。

在资金借贷方面,日本和中国存在着非常大的差异。我和日本的大型银行打过近40年的交道,当我提出贷款申请的时候,接待我的从来都不是负责人,而是其他的银行员工,拿着厚厚的一摞申请资料让我填写，写的时候下面还得垫上复写纸。更夸张的是，银行员工很认真地告诉我要贷款必须有担保。我这样一个连电话费都从来没欠过一天的人，竟然没有担保就一分钱也借不出来。

日本的银行几十年如一日地坚持着这种传统的做法，与之相比中国的金融企业又是什么样的呢？仍然以前文中提到的中国最有代表性的金融科技企业蚂蚁集团为例。

蚂蚁集团通过大数据收集用户的个人信用信息，因此当用户提出贷款申请的时候，瞬间就能够根据用户的个人信用信息做出是否可信的判断。利用这一技术，蚂蚁集团以极高的效率为小型企业和个人提供融资服务。正如其给这项金融服务取的名字"310"一样，真正实现了"3分钟在线申请，1秒钟审核放款，0人工干预"。

类似这样的融资服务，完全是通过人工智能的力量才得以实现。这与日本银行那种银行员工只盯着申请资料和担保，花费大量时间才能获得融资的服务完全不同。

如果蚂蚁集团有心开拓海外市场，完全可以在日本开展金融服务。只要收购一些经营陷入困境的信托银行和地方银行就可以。不过他们的服务只要通过智能手机就能开展，所以即便不收购银

第二章 数字化时代必不可少的再教育

行也一样能抢占日本的市场。

日本的银行要想生存下去,除了像中国那样通过金融科技将积累的大数据充分利用起来重新构筑商业模式之外别无他法。但遗憾的是,一直漫不经心地沿用老一套方法的日本银行从业者根本无法转变自己的思想。

日本银行面对的危机

现在的日本银行之中，还有希望"不改变传统工作方法也能生存下去"的员工。但这种不思进取的态度根本无法应对金融行业发生的变化，因为一直以来的老办法难以达到业绩目标，银行很有可能走上违法犯罪的道路。

骏河银行就是最典型的例子。骏河银行在几年前为止还一直是"地方银行的榜样"，日本金融厅原长官森信亲对其赞不绝口，称"其他银行都应该向骏河银行学习"。但就在2018年，骏河银行发生了"南瓜马车"事件。

"南瓜马车"是专门面向女性群体的共享房屋，由一家名叫SmartDays（聪明的日子）的公司在东京市中心运营，该公司以高房租和高收益率为诱饵，大范围地吸收投资。

要想参与南瓜马车的投资计划，投资者需要花费1亿日元左右用来购买房屋和家具等用品，但绝大多数的投资者都无法一下子拿出这么多的钱，需要向银行贷款。于是就轮到骏河银行出场了。

骏河银行对难以在其他银行借贷到资金的客户也照单全收。由于骏河银行的审查十分宽松，因此许多人都通过贷款购买了共享房屋。

但共享房屋的入住者并没有预想中的那么多，SmartDays 没有足够的资金收入及时地给房屋的所有者支付房租，这就导致投资者难以偿还贷款。以上就是"南瓜马车"事件的大致情况。

南瓜马车事件与美国发生过的次贷危机如出一辙，都是银行方面在根本不看申请者信用信息的情况下，给予申请者超出其还贷能力数倍的资金。这种做法明显存在极高的风险。

从上述事例不难看出，传统的业务模式已经很难为银行带来更多的利润。如果日本的银行想取得更多的收益，只能通过违法的手段，但最终等待着的将是破灭的结局。

三越伊势丹人均1亿日元的人员调整

电子商务的崛起也给零售行业带来了巨大的变化，这种变化被称为"亚马逊冲击"。

以美国为例，2017年美国玩具销量第一的是玩具反斗城，排在第二位的是19世纪以来美国最有代表性的老牌百货商店西尔斯百货。但到了2018年10月，西尔斯百货却突然申请破产保护。从今往后，这样的情况或许会在全世界接连上演。

可能很多人都对日本的三越伊势丹极端的人员调整策略记忆犹新。与伊势丹合并的三越百货是日本历史最为悠久的百货商店，但由于业绩恶化，三越伊势丹不得不要求48岁以上的员工自愿离职。

据说响应公司号召自愿离职的员工，能够获得最多5000万日元的补偿金。如果本身就拥有5000万日元退职金的员工，加上补偿金就是1亿日元。

这些被选为劝退对象的楼层经理，每天只是机械地重复着自从20年前入职以来就一直重复的工作，甚至连在现场从事销售业务的女性派遣员工都比他们拥有更为丰富的商品知识。因此从管理者的角度来说，想把这些毫无性价比可言的中层员工解雇掉也是不难理解的。

但如果解雇一名员工的成本高达1亿日元的话，为什么不选择用这些钱对其进行再教育呢？48岁正是一个人工作能力最强的时期。不给这些员工接受再教育的机会而直接将其赶走，这些管理者完全是不负责任的。

尤其让我感到愤怒的是，三越伊势丹的管理层在劝退大龄员工的同时雇用了215名应届毕业生。解雇共同工作了25年的员工，又大量雇用完全不了解工作状况的新人，除了"昏腐"，我找不到其他的词来形容这些管理者。

从这一系列的操作不难看出，三越伊势丹的管理者显然没有将员工培养当成自己的工作。恐怕在他们的大脑里也没有再教育的概念。

虽然我只列举了汽车、银行和零售行业的事例，但今后数字化革命的浪潮必将对所有行业都造成影响。

像三越伊势丹那样对人员进行调整的措施并不能从根本上解决企业存在的问题。对于劳动人口越来越少的日本来说，要想提高企业的竞争力，必须充分利用公司内部现有的人才。坚持进行再教育，是当今时代对管理者们最基本的要求。

【第二章的关键词】

亨利·福特

亨利·福特是美国福特汽车公司的创始人,通过流水线的生产方式实现了大批量生产汽车,堪称汽车产业之父。

电动汽车

电动汽车是以车载电源为动力的汽车。与燃油汽车相比,电动汽车更加节能、环保,还有振动和噪声更小等优点。

ZEV 政策

ZEV 政策是美国 12 个州执行的政策。ZEV(Zero Emission Vehicle)是零排放汽车的缩写,指不排放任何尾气污染的电动汽车和燃料电池车。

国际自动机工程师学会

国际自动机工程师学会是美国的非营利性团体,致力于制定汽车的相关标准,该团体制定的 SAE J3016(TM)《标准道路机动车驾驶自动化系统分类与定义》被广泛用于评定自动驾驶等级。

奥迪 A8

奥迪 A8 是德国大众汽车旗下的汽车生产企业奥迪推出的汽车，也是全世界第一个达到自动驾驶等级 3 的量产型汽车。在时速 60 千米以下，奥迪 A8 可以完全实现启动、加速、转向、刹车等自动化操作。

拼车

拼车通过将汽车上空余的座位提供给其他有需要的人来换取收益。在欧美，拼车作为一种廉价的交通手段得到普及，伴随着互联网的发展，新的拼车服务也应运而生。

插电式混合动力车

插电式混合动力车可以通过家庭用的插座直接给汽车电池充电。

出行即服务

出行即服务是通过共享汽车等方式，让使用者在自己没有汽车的情况下也能够享受出行服务，因为能够解决环境污染问题和减少养车费用而备受关注。

金融科技（FinTech）

FinTech 是 Financial（金融）与 Technology（科技）相结合组成的新词，金融科技指利用信息技术提供的金融服务。

余额宝

余额宝是蚂蚁集团提供的货币市场共同基金（MMF），因为可以直接在淘宝网上支付等便利性而大受欢迎，在开始发售后的短短四年时间内就成为世界上资产规模最大的货币市场共同基金。

南瓜马车

南瓜马车是不动产公司 SmartDays 提供的共享房屋服务。SmartDays 通过吸引大型企业工薪族来参与投资而迅速成长起来，但因为入住者数量远低于预期而陷入经营困境。投资者们也赔得血本无归。

亚马逊冲击

随着电子商务的飞速发展，传统的零售业陷入经营困境，类似这样的影响被称为亚马逊冲击。

第三章

再教育改变日本的教育

第三章 再教育改变日本的教育

无法满足社会需求的大学教育

再教育在执行中面对的一个主要问题是，缺乏进行再教育的场所。说起"成年人继续接受教育的场所"，很多人首先想到的是大学，但从日本大学的现状来看，与理想中的再教育场所相去甚远。日本大学的商学院还在重复着和20年前一样的案例教学（而且绝大多数都是美国的案例），根本无法为渴望提高自己的商务人士提供他们需要的教育。

成年人希望获取的知识与大学重视的课程之间存在巨大的偏差。从日本内阁府提供的《2018财年年度经济财政报告》中可以清楚地看出，成年人需求较高的是"各行业最前沿的内容""能够广泛应用于工作之中的知识和技能"，但大学对这些内容缺乏足够的重视，而是将教学的重点都放在专业的研究上，见图3-1。

比如想在汽车行业工作的人进入日本的大学接受再教育，要先从内燃机的结构开始学起，但这样的内容在实际的商业活动中几乎派不上用场。

让希望在企业中工作的人和希望成为研究者的人在同一所大学里学习同样的内容，这种做法本身就是错误的。大学里本来就

再教育社会

图 3-1 大学重视的课程与成年人和企业需要的教育

（图中标注）
- 大学等教育机构重视的教育内容的百分比
- 大学等教育机构
- 日本传统的大学教育在学生走入社会之后几乎派不上用场
- 完全没有经营管理、信息技术、创业等有助于人才发展的教育
- 企业
- 成年人（未接受成人教育）
- 企业、成年人需要的教育内容的百分比

（条目）特定职业所需的专业知识和技能；在特定领域进行深入研究和学习；实用问题的研究与学习；理论与实践相结合；横跨多个领域，具有广泛性的研究和学习；掌握研究能力的内容；基于知识的洞察力；各行业最前沿的内容；能够广泛应用于工作之中的知识和技能；基础理论的研究与学习；培养以独特的创意解决问题的能力；能够对日本企业普遍存在的问题给出解决方向的内容

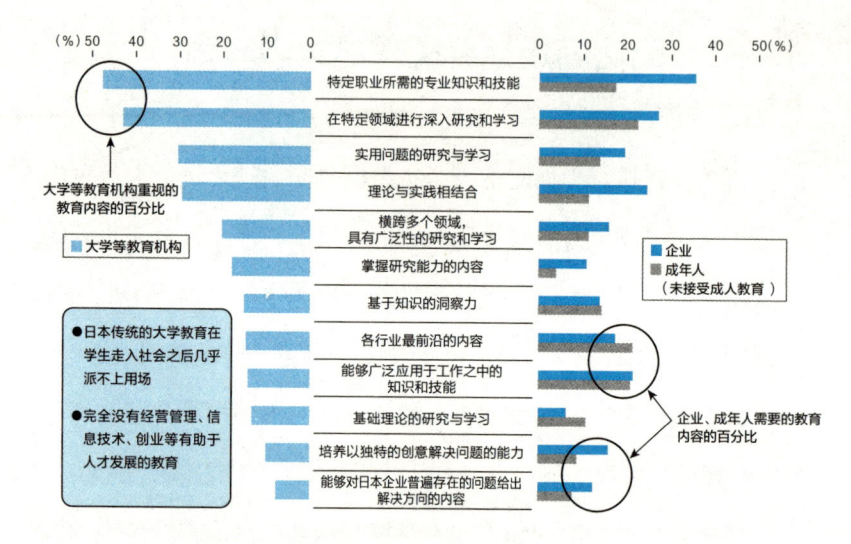

出处：基于日本内阁府《2018 财年年度经济财政报告》制作 ©BBT Research Institute All rights reserved.

应该传授经营管理、信息技术、金融、创业等与商业活动相关的知识，但遗憾的是，能够教授这些课程的大学教授少之又少。

大学并非成年人再教育的首选场所

接下来再分析一下企业方面的需求。根据"首相官邸'百岁人生时代构想会议'"提供的资料，在企业利用的外部教育机构中，民间教育培训机构占压倒性多数，而大学和大学院的比例不到10%，见图3-2。

从这个结果不难看出，企业并没有将大学等教育机构作为首选的再教育场所。之所以会出现这种情况，是因为绝大多数的大学并没有符合企业需求的课程和师资力量。

但大学也有自己的苦衷。针对没有面向成年人课程的大学等教育机构进行的调查显示，"缺乏师资力量"是阻碍大学开设相关课程的最大原因。但之所以出现这种结果，主要还是因为大学一直以来都过于重视"学院派"的研究，导致实战派的师资力量严重不足。

我在BBT大学开展再教育的时候，为了介绍最先进的案例，邀请了许多在职的管理者来出任教师。

最能回应在职商务人士热情的，只有同样奋斗在商业活动一线的管理者，而不是那些整天把自己关在研究室里的研究者。去海

再教育社会

企业利用的外部教育机构的种类

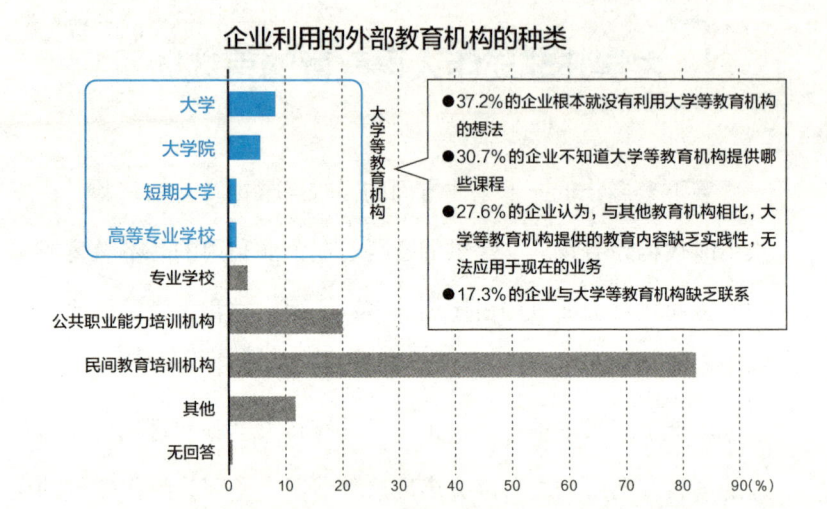

大学等教育机构：
- 大学
- 大学院
- 短期大学
- 高等专业学校

- 专业学校
- 公共职业能力培训机构
- 民间教育培训机构
- 其他
- 无回答

- 37.2%的企业根本就没有利用大学等教育机构的想法
- 30.7%的企业不知道大学等教育机构提供哪些课程
- 27.6%的企业认为,与其他教育机构相比,大学等教育机构提供的教育内容缺乏实践性,无法应用于现在的业务
- 17.3%的企业与大学等教育机构缺乏联系

大学为成年人提供再教育面临的困难

问题：为成年人提供再教育时需要具备哪些条件？

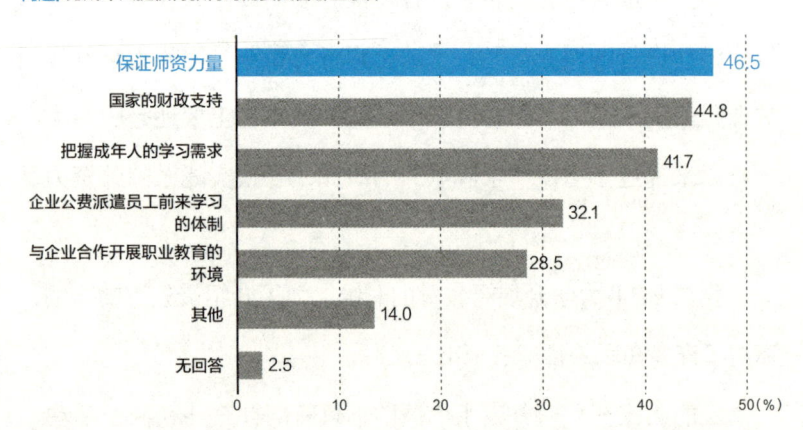

项目	百分比(%)
保证师资力量	46.5
国家的财政支持	44.8
把握成年人的学习需求	41.7
企业公费派遣员工前来学习的体制	32.1
与企业合作开展职业教育的环境	28.5
其他	14.0
无回答	2.5

出处：基于"首相官邸'百岁人生时代构想会议'"的《人才革命：基本构想》等参考资料"制作
©BBT Research Institute All rights reserved.

图 3-2　再教育机构与大学提供再教育面临的困难

外留学取得 MBA 学位，但却连一根铅笔也没卖过的人真的能教授经营管理课程吗？文部科学省和大学似乎从来也没有考虑过这个问题。

BBT 大学的入学者平均年龄是 34 岁。这些积极进取的商务人士切实地感觉到"要想成为拥有全球化竞争力的人才，仅凭在公司里学到的东西是不够的"，所以他们会主动去寻找能够学习提高的场所。他们将闲暇时间都用在提高自身能力上。日本有不少像这样积极进取的年轻人，绝对不能让他们的热情白白浪费。

再教育社会

东京大学在全世界大学中排名第 42 位

虽然我认为管理学就应该由真正的管理者来教,但日本的文部科学省和资格认证机构却与我的想法完全相反,他们只看论文不看实际经验。然而日本的大学真的能写出得到全世界认可的论文吗?这一点非常值得怀疑。《泰晤士高等教育》(*Times Higher Education*,*THE*)根据教育力、研究力、国际性等 5 大领域的 13 个指标为全世界的各大知名学府打分,并最终评选出"世界大学排名"。

2019 年排名世界前 3 位的大学分别是牛津大学、剑桥大学、斯坦福大学,这些都是英国和美国的大学。在日本排名第 1 的东京大学在这份榜单上仅排在第 42 位,紧随其后的京都大学排在 65 位。日本进入前 100 名的只有这两所高校,见图 3-3。

从这份榜单的排名上来看,除了前面提到过的牛津大学、剑桥大学之外,麻省理工学院、哈佛大学、耶鲁大学等美国的大学仍然占据着前面的位置。值得注意的是,中国的清华大学跃升至第 22 位,比 2018 年排名足足提高了 8 位。

清华大学的"研究力"得到了极高的评价。如果只看这一领

第三章 再教育改变日本的教育

2019年	2018年	大学	国家
1	1	牛津大学	英国
2	2	剑桥大学	英国
3	3	斯坦福大学	美国
4	5	麻省理工大学	美国
5	3	加利福尼亚理工大学	美国
6	6	哈佛大学	美国
7	7	普林斯顿大学	美国
8	12	耶鲁大学	美国
9	8	帝国理工学院	美国
10	9	芝加哥大学	美国
⋮	⋮		
42	46	东京大学	日本
65	74	京都大学	日本
251~300	201~250	大阪大学	日本
251~300	201~250	东北大学	日本
251~300	251~300	东京工业大学	日本

THE 编辑部的评语

- 在竞争日益激烈的状况下,日本的绝大多数大学仍然停滞不前甚至出现衰退。
- 人口减少、老年化、留学生竞争激化等问题今后可能会威胁到日本大学的存续。
- 日本大学要想真正意义上提高竞争力,必须加大投资并且努力向国际化发展。
- 欧美和日本的大学出现停滞的同时,中国、新加坡等亚洲国家的大学则取得了飞跃性的发展。

* *THE* 世界大学排名(2019年)
- 根据教育力、研究力、国际性等5个领域13个指标计算出各大学的分数。
- 毕业生数量、教员数量与取得博士学位的比率、研究经费等都属于评测指标,论文引用数量在评测中的比重很高,可见评测对研究能力十分重视。

出处:*Times Higher Education* ©BBT Research Institute All rights reserved.

图 3-3　*THE* 世界大学排名(2019年)

域的话，清华大学甚至超过普林斯顿大学、耶鲁大学、麻省理工学院等世界知名学府排在第 6 位。东京大学的"研究力"则排在第 19 位，完全无法与之相比。

THE 的主编费尔·巴蒂在评价日本大学时这样说道，"日本经过长期的下滑后，主要大学与新兴大学都通过坚实的改革而取得了不俗的成果"，但同时他也指出，"在竞争日益激烈的状况下，日本的绝大多数大学仍然停滞不前甚至出现衰退。人口减少、老年化、留学生竞争激化等问题今后可能会威胁到日本大学的存续"。

巴蒂认为，"日本大学要想真正意义上提高竞争力，必须加大投资并且努力向国际化发展"，这一点也正好说明了日本企业竞争力下降的原因。

日本的论文得不到引用

日本大学失去影响力是有前兆的。

作为对大学进行的研究所具有的价值进行评价的指标,"论文数"和"被引用数"都是非常关键的要素。日本曾经在科学技术相关论文的数量上仅次于美国排名世界第2位,但现在已经跌落至第6位。

排名在日本之前的国家分别是中国、美国、印度、德国、英国,其中中国的发展尤为显著。根据全美科学财团公布的统计,2016年各国发表的论文数量,中国已经超过美国成为世界第一。

如今日本发表的论文数量只有中国的五分之一,被引用数也急剧下降,其中能用英语书写论文的日本研究者数量大幅减少也是导致这一结果的主要原因。

以前日本的大学中能够用英语写论文的人非常多,因此这些论文也经常被外国学者引用,但现在日本的英文论文数量已经非常少,与中国刚好形成鲜明的对比。

中国的大多数学者都有海外留学的经历。如今全世界留学生的四分之一都是中国人,每年有大约48万人在海外学成之后回到中国。

说起中国，很多人都误以为中国的教育还很落后，但实际上中国的大学拥有极高的自由度，每个学校都有独特之处。

比如清华大学和北京大学，这两所中国的知名学府都发表了许多关于人工智能的论文。学校还对学生创立的企业进行投资，用投资获得的回报来减免学费，这种环境对希望创业的学生来说充满了吸引力。

另外，中国的每个城市都在竭尽所能地吸引人才。比如，为海外留学归来的人才修建专用的办公大楼，给创业者减免租金和税金等。

与之相对的是，日本政府在这方面的行动却一如既往地缓慢。据推算，日本国内人工智能开发相关的信息技术人才缺口在2020年为30万人，到2030年则将达到60万人。对日本来说，当务之急是每年至少要培养尖端领域的高级人才3万人，能够灵活利用人工智能的普通信息技术人才15万人。但即便达到上述目标，日本仍然无法与中国和印度相抗衡。

近五年来，全世界高科技产业的版图已经被彻底改写，现在中美两国在争夺高科技领域的领导地位，日本就算全力追赶也很难追上这两个国家。

在管理学领域,日本的大学里根本没有能够传授实际管理经验的师资力量,而且也没有能够写出世界性论文的人才。好不容易对外国著名教授的思想进行解说,但配套的也都是早已过时的案例。也就是说,现在日本的大学已经变成了"四不像",既不能对企业中的员工进行再教育,也无法培养出能够在21世纪的激烈竞争中获胜的学生。只不过现在日本企业还是一个劲儿地雇用应届毕业生,所以日本大学的问题还没有暴露出来。

再教育社会

日本人拿不到诺贝尔奖的那一天

现在日本经常有研究人员获得诺贝尔奖。发现诱导性多能干细胞（induced Pluripotent Stem cells，iPS cells）的山中伸弥、证明细胞自噬机制的大隅良典、发现负性免疫调节治疗癌症疗法的本庶佑，都获得了诺贝尔生理学或医学奖。

日本获得诺贝尔奖的人数在亚洲首屈一指。中国虽然拥有14亿人口，但在获得诺贝尔奖的数量上与日本相比还差得很远。不过，日本大学的研究开发能力确实在逐年下滑，因此日本恐怕很难在诺贝尔奖得主数量亚洲第一的宝座一直坐下去。

而且现在获得诺贝尔奖的这些日本人，大多凭借的都是几十年前的成果。如果日本的大学不能尽快恢复竞争力，早晚有一天会成为没有人获得诺贝尔奖的国家。

海外的知名学府都对诺贝尔奖有一种极强的渴望。我曾经在麻省理工学院担任过5年的顾问，就为大家介绍一些关于麻省理工学院的情况。

在麻省理工学院校园内，诺贝尔奖得主随处可见。仅获得过诺贝尔奖的在职教授数量就比日本累计的诺贝尔奖得主数量还要多。麻省理工学院的学生们每天在走廊里都会和许多著名的教授擦肩而过。

为什么麻省理工学院有这么多的诺贝尔奖得主呢？答案很简单，为了提高自身的竞争力，麻省理工学院积极地邀请那些诺贝尔奖得主前来任教。

麻省理工学院的管理层对学校的发展战略执行得非常彻底，凡是不能在《彭博商业周刊》公布的大学排行榜上进入前三位的专业都得不到校方的认可。因此，各专业为了能够达到校方的要求都会竭尽全力进行改善。

没能进入前三位的专业，该专业所有的教授都会得到警告，并且必须在三年内有所改善。如果在三年内还是没能进入前三位，那么所有的教授都将被解聘。校方会另外聘请能够吸引高水平学生的教授取而代之。

日本的大学又是怎样的呢？曾经有位公立大学的校长找我交流。但在和他交流的过程中我惊讶地发现，他对学校将来的发展几乎没有任何的计划。

他不但对如何提高大学的竞争力和吸引力毫无想法,还一个劲地问我"有没有什么好主意",话里话外透出一股"想继续保持现在这种舒适环境"的想法。这与麻省理工学院管理层的态度完全无法相比。

第三章 再教育改变日本的教育

要求互联网大学设置图书馆的政府工作人员

我担任校长的 BBT 大学,是在小泉纯一郎担任首相时推行的结构改革特区制度下,于 2005 年在日本东京都千代田区成立的教育机构。

这是一所利用互联网技术构建起来的拥有先进教育系统的大学,但在当时由于教育理念过于超前,因此遇到了许多问题。最大的阻碍就是文部科学省制定的《学校设置标准》。

作为得到文部科学省认可的学校法人,BBT 大学必须遵守《学校设置标准》的要求,但这个标准中却包含有许多不合理的规定。

BBT 大学最大的特点就是利用自主研发的远程教育系统"AirCampus"(空中课堂)来进行授课。不管身处世界上的任何地方,学员都可以在线听课,工作繁忙的商务人士可以根据自己的日程表来自由地安排学习时间。也就是说,学生们不必为了上课而专门来到学校。

但文部科学省的工作人员根本不顾 BBT 大学的实际情况,要求我设置图书馆。尽管我解释说"这座建筑物里没有学生",但对方却说规定就是规定,不肯有丝毫让步。

我只好将自己的书和别人捐赠的书都摆在校园内，好不容易将书架装满之后，终于达到了要求。对于政府工作人员来说，形式大于一切，至于目的和效果则完全不在他们考虑的范围之内。

除了设置图书馆之外，对方还提出在这个没有学生的建筑物里也要设置医务室、配备生活指导员等不合理的要求。

幸亏他们没强迫我设置运动场。如果在东京都千代田区这个日本地价最高的地方修建运动场，BBT大学非得破产不可。

BBT大学作为一个培养商务人士的互联网大学，竟然被套用了常规大学的规则，简直让人匪夷所思。BBT大学是一所完全通过网络进行授课的大学，但文部科学省并没有与之相符的分类。所以，BBT大学最后被归入了函授大学的范畴，适用的标准也完全和函授大学一样。直到现在，文部科学省也没有与"数字化"相关的学校分类。

如果面向的学生群体不同，那么适用的规则也应该不同，但日本目前在这方面显然还做得不够。我们面向21世纪的商务人士建立起一套数字化教育的体制，虽然被文部科学省陈旧的规则拖了后腿，但为了学生们我是绝对不会放弃的。

过于重视传统学科导致教员不足

日本大学的评价体制也让人感觉有问题。文部科学省重视的是大学拥有的博士数量和发表的论文数量,但对商务人士来说这种评价标准几乎毫无意义。

文部科学省对大学的要求,简单来说就是"学术性"。但他们所说的学术究竟是为何而存在的呢?研究中南美洲蜻蜓眼睛活动的教授可能符合学术性的要求,但他们不能教授对商业活动有直接帮助的内容。

这些生活在学术世界中的研究者,进入大学后先从基层的讲师做起,然后晋升为副教授,最后成为教授。在这个过程中,他们几乎是与世隔绝,甚至称他们为与现实世界最脱节的人也不为过。不管他们身为研究者得到了多么高的评价,但从再教育的观点来看,他们作为21世纪的教育者是不合格的。

谷歌已经创立了20多年,互联网深刻地改变了人们的生活。中国自从改革开放后,40多年来也发生了翻天覆地的变化。在持续变化的环境中,日本的大学教授们还在引进和解说美国著名教授的学说,进行着已经落后于时代的"独特"研究。

这种授课方式的结果就是跟他们学习的学生普遍信息技术水平较低，英语水平也不高，难以成为国际化的人才。

这是文部科学省推行的教育体制带来的结果。在以前那个赶超欧美的时代，这种做法或许还有点效果，但在平成时代（1989年1月8日—2019年4月30日）结束迎来令和时代（2019年5月1日至今）的今天，日本竟然还在沿用昭和时代（1926年12月25日—1989年1月7日）的教育方式。像我这样活跃在商业活动现场的人，必须提出符合数字化革命时代的教育方式。

第三章　再教育改变日本的教育

文部科学省制定的教育方针的局限性

日本还没有认识到再教育的重要性，但在全世界范围内来看，对成年人进行再教育完全是理所当然的事情。

文部科学省公布的《关于高等教育未来构想的参考资料》中，显示了各国 25 岁以上"学士"课程入学者所占的比例，见图 3-4。根据这份统计数据，位居榜首的瑞士有 29.7% 的人都选择进入大学接受再教育。

瑞士拥有许多全球化企业，排名第二的以色列则是拥有许多创新型企业的国家。不难看出，再教育为这些国家的发展做出了巨大的贡献。

再将目光移回日本，日本再教育的比例只有 2.5%，不足瑞士的十分之一。根据这份统计数据，日本排名倒数第二位，仅高于比利时，与 OECD 平均值 16.6% 相比也低得离谱。

要想在日本建立起终身教育的体制任重而道远，首先应该从义务教育开始。

日本由文部科学省下属的"中央教育审议会"（以下简称"中教审"）制定教育方针，但中教审制定的方针就存在严重的问题。

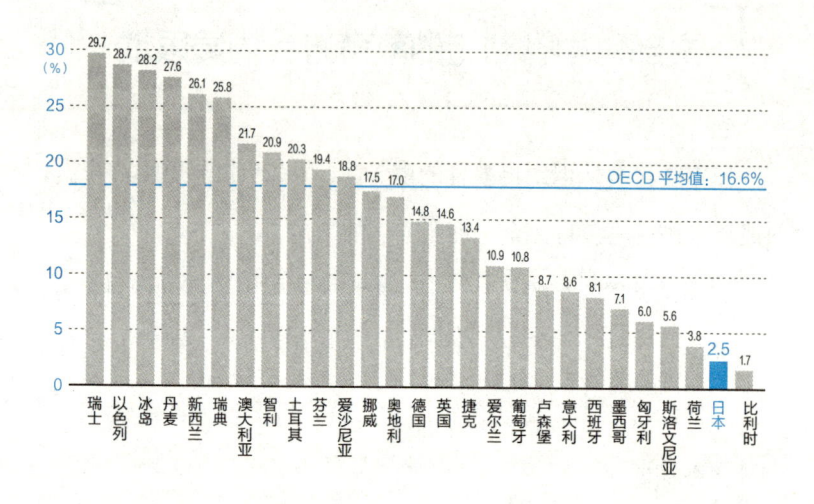

图 3-4　25 岁以上"学士"课程入学者比例（2015 年）

当我看到中教审制定的新版《学习指导要领》时，真的是大吃一惊。本应是针对生活在数字化革命时代的学生们进行的教育内容，实际上却完全不符合相应的时代背景。

新版《学习指导要领》从 2018 年开始首先在日本的幼儿园全面推广，然后依次推广到小学、初中、高中，高中在 2020 年开始实施，因此现在日本的学生们接受的就是基于新《学习指导要领》的教育。

新版《学习指导要领》中都是诸如"进一步提高知识理解的品质,培养扎实的学习能力""培养德智体全面发展的学生"之类的漂亮话,但具体应该进行什么样的教育则让人摸不着头脑。

接受新版《学习指导要领》教育的高中生到了 35 岁时正是可能出现奇点的 2040 年。考虑到那一时代可能出现的剧烈变化,现在教育上最重要的课题应该是培养能够应对环境巨变的人才。

当奇点到来之后,现在人类从事的许多工作都将被人工智能和机器人取代,因此人类必须拥有数倍于现在的创造力和问题解决能力。

到了那样的时代,背诵历史年表和元素周期表将毫无意义。文部科学省真的认为通过新版《学习指导要领》就能培养出可以与人工智能竞争的人才吗?我对此深表怀疑。今后人类必须拥有计算机无法取代的能力。为了培养这种能力,必须从现在接受义务教育的孩子开始进行教育改革。但在新版《学习指导要领》中,完全没有关于这部分的内容,最多也只是对教师在教学现场发现的问题进行了改善而已。

认知论

在我担任校长的 BBT 大学之中，还运营着一所面向儿童的学校——若叶日本国际学校（以下简称"若叶"）。

若叶的教育理念是"发掘每一位学生的可能性，最大限度激发学生的潜力，培养国际型人才"。同时，若叶也是国际文凭组织（International Baccalaureate Organization，IBO）的认证学校，可以为特定的学生提供 IB 课程（IBO 为全球学生开设从幼儿园到大学预科的课程，为 3～19 岁的学生提供智力、情感、个人发展、社会技能等方面的教育，使其获得学习、工作以及生存于世的各项能力）的教学。

IBO 是一家总部位于瑞士日内瓦的非营利性组织。通过学习 IB 课程获取大学的入学资格，就相当于打开了通往全世界大学的大门。

根据学生在 IB 考试中取得的分数，甚至可以通过面试（有的学校需要进行在线口试）进入牛津大学和剑桥大学等知名学府，因此 IB 文凭在国际上拥有很高的知名度。

IB 的核心课程是"认知论"（Theory of Knowledge），是

培养理性思考方式和客观精神的基本理论，也是将来学生走上社会必须掌握的逻辑思考能力的基础。

遗憾的是，日本绝大多数的学校都没有与之相对应的课程。当遇到问题时能够用逻辑思考找出解决办法的能力是未来社会必不可少的技能。

我当年之所以能够在人才济济的麦肯锡脱颖而出，完全是因为我拥有优秀的问题解决能力。因此，让孩子们掌握认知论是一件非常有意义的事情。

国际文凭组织的严格审查

要想成为 IBO 的认证学校，必须通过 IBO 的审查，这个审查是非常严格的。

IBO 来若叶对教学状况进行审查时的情景，我现在仍然记忆犹新。当时对授课教师进行审查的审查官突然说"那个教师不行"。

审查官给出的理由是"因为他使用了教科书"。我解释说，因为日本有教学指导大纲，所以必须按照教科书上的内容授课，但对方却说"这是教条主义的做法"。总之，IBO 的目标是"培养能够在没有答案的世界中自己找出答案的人才"，因此根本不需要教科书。

教师只给出提示，然后让学生自己寻找答案。如果有 25 个学生的话，那么就应该有 25 个答案，然后全班一起讨论究竟哪一个才是正确的。所谓国际型人才，就是要能够在这种情况下提出引发大家思考的提案，最后给出大家都能接受的解决办法。日本人最擅长的是在有答案的前提下，不断地朝着目标前进并将其实现。在数字化革命之前的那个时代，按照工作手册工作也没问题，按照教科书学习也有效果。但是，现在的时代已经与之前的时代完

第三章 再教育改变日本的教育

全不同了。

我们在整个亚洲范围内寻找满足 IBO 审查标准的教员并加以聘用。在若叶 2018 年毕业的 13 名学生中,有 11 名参加了 IBDP[①]考试,有 9 人成功获得大学预科文凭并被帝国理工学院等日本国内外的一流大学录取。

虽然聘用大量优秀的教师需要支付巨额的薪水,但为了实现高品质的教育,这些都是必须付出的代价,因此我们才不遗余力地从全世界寻找优秀的教员。

---

① IBDP 是国际文凭大学预科课程(International Baccalaureate Diploma Programme)的简称,是一个两年制、对象为 16 至 18 岁学生的课程,并广泛被世界各所大学认可。IBDP 由 IBO 组织及管理,授课语言包括英语、法语和西班牙语。

再教育社会

没有用武之地的大学毕业生

只要采取合适的教育方式，日本也能培养出符合国际化要求的优秀人才。

从事互联网娱乐事业的 DWANGO（多玩国公司）就抢先一步将目光瞄准了优秀的初中生和高中生，将他们作为候选的游戏制作人。

我以前曾经担任过游戏软件公司史克威尔（现在的史克威尔－艾尼克斯）的外部董事，因此深知游戏行业与年轻人之间的接触十分重要。我认为与大学的应届毕业生相比，还没深受日本教育环境负面影响的初中生和高中生可能在游戏行业更能发挥出意想不到的力量。DWANGO 大概也和我有同样的想法，所以采取了这样的行动。

当今时代，将名牌大学的优秀毕业生全都招揽到一起的做法毫无意义。很多人从名牌大学毕业后就以为自己理所应当赚取高薪，一味地雇用这样的人对于终身雇佣制的日本企业来说无异于长期的沉重负担。

与雇用没有用武之地的大学毕业生相比，在初中和高中寻找适合自己企业的优秀人才更有效率。日本的年轻人不应该只顾着提高学习成绩，还应该积极尝试参与众包，积累工作经验，培养专业技能。

日本已经出现严重的人才不足问题。如果不能每年增加30万移民，就完全无法追赶上其他发达国家，所以根本没有多余的时间和资源去培养没有用处的人才。

如果不重新审视当今的教育内容，日本很快就会失去竞争力。至少看过本书的人应该产生"我不会成为那样的人"的觉悟，今后积极地通过再教育来提高自己。

"赚钱力"才是最好的储蓄

我切实地感觉到日本绝大多数的商务人士都希望能够接受再教育。enJAPAN 的调查结果也证实了我的猜测,在受访者中有 90% 以上都希望能够接受再教育。

他们渴望学习的内容以"英语等语言能力""经营、商务活动必备的知识和能力"等实践和实用内容为主,可见商务人士也已经认识到在当今时代这些技能至关重要,见图 3-5。

之前人们一直都非常注重对文科七艺①的培养,虽然掌握文科七艺很有必要,但要想在数字化革命时代生存下去,应该先学会那些能够直接发挥作用的实用技能。

既然商务人士普遍对再教育存在极高的需求,为什么再教育却仍然得不到普及呢?根据调查结果可以发现,学费和时间是商务人士接受再教育的最大阻碍。在收入不高的情况下花钱去大学继续深造确实有点困难。而且大学的教育因为跟不上时代,所以也并不是再教育的第一选择。

---

① 大学的文科包括七门课程:逻辑、语法、修辞、数学、几何、天文、音乐,称为"七艺"。

第三章　再教育改变日本的教育

问题: 是否希望接受再教育？

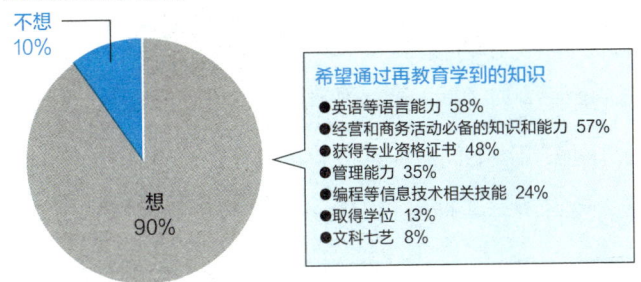

不想 10%
想 90%

希望通过再教育学到的知识
- 英语等语言能力 58%
- 经营和商务活动必备的知识和能力 57%
- 获得专业资格证书 48%
- 管理能力 35%
- 编程等信息技术相关技能 24%
- 取得学位 13%
- 文科七艺 8%

问题: 接受再教育时有什么困难？

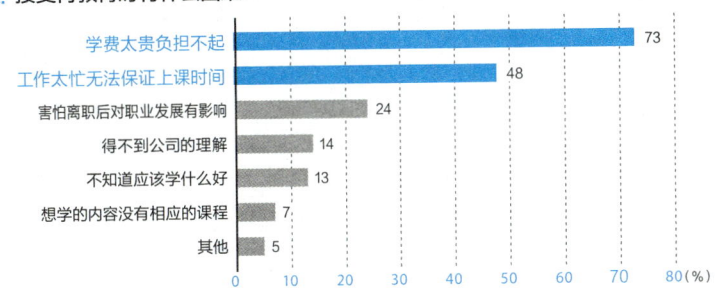

- 学费太贵负担不起　73
- 工作太忙无法保证上课时间　48
- 害怕离职后对职业发展有影响　24
- 得不到公司的理解　14
- 不知道应该学什么好　13
- 想学的内容没有相应的课程　7
- 其他　5

0　10　20　30　40　50　60　70　80（%）

"赚钱力"才是最好的储蓄!

- 在人生最后的40年才开始再教育是错误的
- 不被时代淘汰的"赚钱力"才是最好的储蓄！必须认识到这一点
- 提高"赚钱力"就是再教育的责任
- 大学本来就不教这些内容，现在就算回去大学也无济于事，大学老师本身就没有"赚钱力"

出处：基于enJAPAN"35岁以上商务人士的再教育调查"制作 ©BBT Research Institute All rights reserved.

图3-5　对再教育的看法和问题

81

但如果就这样继续下去，不通过学习新知识提高自己的话，早晚会陷入困境。现在既可以通过大型开放式网络课程（Massive Open Online Courses，MOOC）来学习知识，也可以通过参与众包服务利用闲暇时间在赚钱的同时积累经验。就算在优兔（YouTube）上只看免费的项目也是一种学习。这就像在自助餐厅吃午餐一样，如果不主动伸手拿取自己想要的食物，那么餐盘里就总是空空如也。不会被时代淘汰的"赚钱力"才是最好的储蓄，请大家务必认识到这一点。

【第三章的关键词】

THE（Times Higher Education）

THE 是英国的泰晤士报发行的高等教育信息杂志,每年都会公布全世界大学的排名。

麻省理工学院（MIT）

麻省理工学院是一所位于美国马萨诸塞州的私立理工大学,是美国的顶尖大学,堪称先进技术产业的核心。

《彭博商业周刊》

《彭博商业周刊》是美国大型财经资讯公司彭博新闻社发行的商业杂志,定期公布世界企业的排名。

结构改革特区

结构改革特区是小泉纯一郎在第一次实施宽松政策时提出的,指从事相关业务时可以不受某些法律法规约束的地区，除了涉及教育相关业务外，还涉及农业相关和生态相关等多个领域。

《学校设置标准》

这是基于《学校教育法》，要求学校必须满足的各项标准的规定，由文部科学省制定并颁发。

改革开放

改革开放是在邓小平领导下，中国进行的一系列国内体制改革与对外开放政策，通过设置经济特区和引进先进技术推动中国的现代化发展。

中央教育审议会

中央教育审议会是文部科学省设置的咨询机构，主要任务是对以振兴教育和促进终身学习为核心的重要事项进行调查审议，该组织成员由学识渊博者组成。

新版《学习指导要领》

中教审在调查审议后对《学习指导要领》进行了修订，于 2018 年开始首先在幼儿园全面推广，然后依次推广到小学、中学、高中。

国际文凭（IB）

IB是由总部位于瑞士日内瓦的国际文凭组织提供的国际教育项目，主要特点是培养全球化人才，让学员拥有对未来发展有益的态度和技能。通过认证考试获得"国际文凭证书"，就相当于打开了通往全世界知名学府的大门。

第四章
北欧、德国等国家的再教育

第四章 北欧、德国等国家的再教育

再教育的发祥地瑞典

在本章中,我将为大家介绍一下其他国家再教育的发展情况,见图4-1。对于日本来说,向再教育做得好的国家学习成功经验具有非常重大的意义。

对再教育投入力度最大的北欧各国都拥有极强的国际竞争力,再教育对这些国家的经济发展起到了巨大的推动作用。

首先提出再教育这一概念的,是当时担任瑞典文化大臣后来成为首相的奥洛夫·帕尔梅。瑞典之所以能够建立起浓厚的终身教育的文化氛围,离不开政府对劳动市场的大力支持。

最能体现这一思想的,是瑞典的"人生拼图"思考方式。所谓人生拼图,就是将工作、职业、家庭等像拼图的小块一样放在人生的框架里,个人可以根据自己的愿望和实际状况来对选择进行调整。

在瑞典,整个社会不分男女都积极地参与到育儿和养老服务的工作中来,重返大学学习新知识也是理所当然的事情。男性在晚上七点之前回到家里陪伴家人或者学习知识十分常见,早在日本提出平衡工作与生活之前,这种生活方式在瑞典就已经根深蒂固。

对再教育的积极度	类型	国家	内容
高 ↑ ↓ 低	北欧型	丹麦、芬兰、瑞典	● 强大的终生教育文化、成人参与率很高 ● 积极的劳动市场政策，财政支出高
	大陆型	比利时、德国、法国、卢森堡、荷兰、奥地利	● 终生教育的参与度为中至低度 ● 积极的劳动市场政策，财政支出从中至高均有
	盎格鲁－萨克逊型	爱尔兰、英国	● 终生教育状况各有不同 ● 对劳动市场政策的财政支出也各有不同
	地中海型	希腊、西班牙、意大利、塞浦路斯、马耳他、葡萄牙	● 终生教育文化较弱，成人的参与率较低 ● 对劳动市场政策的财政支出各有不同 ● 低学历人群成为巨大的问题，过强的劳动保护导致劳动市场僵硬
	中东欧型	保加利亚、捷克、爱沙尼亚、拉脱维亚、立陶宛、匈牙利、波兰、罗马尼亚、斯洛文尼亚、斯洛伐克	● 终生教育文化较弱，成人的参与率较低 ● 对劳动市场政策的财政支出较低 ● 面向欧盟新加盟国提供的补助金将促进对失业者培训的完善

出处：劳动政策研究与研修机构《北欧公共职业训练制度与实态》©BBT Research Institute All rights reserved.

图 4-1　欧盟各国的成人教育与积极的劳动市场政策

第四章 北欧、德国等国家的再教育

瑞典是税收高达 50% 的高税收国家，同时也是社会保障制度十分完善的高福利国家。这也是瑞典之所以会出现"人生拼图"思考方式的原因。因为瑞典只有 1000 万人口，为了实现高福利，必须建立起让国民能够重复"工作→教育→工作"，终身教育、终身工作的体制。

随着少子高龄化的趋势，日本今后的劳动人口不断减少，社会保障费用也会不断增加。因此，日本人也应该像瑞典人那样，从人生拼图的角度出发来构筑自己的人生。

诞生于再教育文化的 H&M

"海恩斯莫里斯"（H&M）是一家诞生于瑞典的全球连锁服饰公司。

该公司旗下的快时尚品牌"H&M"在日本东京都的新宿区和涉谷区都有大型的店铺，所以大家对这个名字应该并不陌生。顺带一提，H&M 在全世界拥有超过 3000 家店铺。

H&M 的强大之处在于其拥有非常完善的人事制度。该公司构筑起了一套以内部晋升为基础的人事制度，通过一系列的培训和学习培养出优秀的领导者，见图 4-2。

同时该公司还有非常充足的产假和育儿假，带薪假利用率高达 100%。

通过充分利用上述制度，以及在大学进行再教育，使得 H&M 拥有许多工作 30 年以上的老员工。

H&M 之所以能够发展成为全球化品牌，与其公司内部将英语作为"官方语言"也有很大的关系。特别是需要经常与其他国家进行交流的总部，聚集了许多拥有优秀语言能力的员工，语言能力对员工的升职也十分重要。

第四章 北欧、德国等国家的再教育

人生和职业可以根据实际情况的变化，
像拼图一样灵活地进行选择

人生拼图背后的思想和制度	人生拼图的事例
●高税收、高福利 ●积极的劳动市场政策 ●作为人口较少的小国，只能通过再教育提高国民的能力，实现终生工作	●整个社会不分男女都积极地参与到育儿和养老服务的工作中来，重返大学学习新知识也是理所当然的事情 ●男性在晚上七点之前回到家里陪伴家人或者学习知识

瑞典企业的再教育

H&M（服饰/瑞典）

再教育	●带薪休假的利用率高达100%，非常重视工作与生活之间的平衡。产假与育儿假也十分充足，许多工作30年以上的员工仍然重返大学校园接受再教育
英语	●公司内部的官方语言为英语。语言能力不足的员工将接受专门培训或出国研修 ●语言能力优秀的人可以得到晋升。海外店铺开业时员工需要到当地进行指导，还有机会在海外驻扎工作 ●在总部工作时需要经常与其他国家进行交流，因此语言能力优秀的员工有机会进入总部工作
领导者培养	●领导者由公司内部培训和选拔。公司通过一系列的培训和学习培养出优秀的领导者

出处：基于川崎一彦《大家的教育：瑞典的"人才培养"国家战略》三井出版等资料制作 ©BBT Research Institute All rights reserved.

图 4-2 瑞典的"人生拼图"

瑞典的官方语言是瑞典语,但因为 H&M 在公司内部使用英语,因此在进行国际贸易的时候也能够毫无障碍地交流。对于语言能力不足的员工,公司提供语言培训或出国研修的机会,边工作边学习的体制十分完善。

第四章 北欧、德国等国家的再教育

诞生出全球化企业的芬兰

与瑞典同为北欧国家的芬兰,因为诺基亚和发达的教育系统而广为人知。但在20世纪90年代,芬兰曾因为苏联解体而陷入严重的经济危机,蓝领工人的失业率从5%飙升至10%以上,国内形势极其严峻。

当时芬兰政府为了摆脱危机,在"教育"和"高科技研发"上投入了许多经费,进行教育改革,见图4-3。

虽然如今芬兰儿童的学习能力排名世界第一而备受瞩目,但芬兰之前也和日本一样,属于重视知识的"被动接受型教育"。后来在政府的主导下,教育方针才转变为"主动思考型教育"。

芬兰在初等教育中就加入了英语和领导能力、创业者培养等课程,为儿童将来能够发展成为全球化人才打下了坚实的基础。同时还利用小班学习和团体学习的方式构建"不让一个孩子掉队"的教育系统,不但保证优秀学生有更高的提升空间,还提高了学生的整体素质。

经过这一系列的教育改革,芬兰在OECD的学习程度调查

再教育社会

教育改革的背景
- 北欧诸国在20世纪90年代初期都因为苏联解体而出现经济危机,失业率超过两位数
- 芬兰为了摆脱危机,在"教育"和"高科技研发"上投入的大笔的预算
  · 从"被动接受教育"转变为"主动思考教育"
  · 诺基亚凭借移动电话一举成为世界第一

教育改革的内容

初等教育
- 重视学生的"自主思考"
- 为了诞生全球化人才,从儿童期就培养孩子的领导能力和英语能力
- 为了增加能够创造财富和工作机会的优秀企业而大力培养创业者
- 通过小班学习和团体学习构建"不让一个孩子掉队"的教育系统

成人教育
- 利用积极的劳动市场政策提高企业人事聘用的灵活性,同时加强职业培训
- 设计各种面向成年人的职业培训制度,把大学也利用起来进行再教育

教育改革的成果

- 在OECD的PISA[①]学力调查中常年名列前茅
- 在WEF[②][※]的"健康与初等教育"评价项目中排名世界第一
- 在IMD[③]的世界竞争力排名中也保持在前列

- 30岁以上参加职业培训课程的入学者比例为55.5%,在世界范围内名列前茅
- 在诺基亚业绩恶化后,芬兰诞生了许多创业企业

※ World Economic Forum The Global Competitiveness Report2017-18,(Health and Primary education) 的项目
出处:基于大前研一《优质国家战略》等各种资料制作 ©BBT Research Institute All rights reserved.

图 4-3 芬兰教育改革的背景、内容、成果

① 国际学生评估项目(the Program for International Student Assessment, PISA)是经济合作与发展组织(OECD)进行的15岁学生阅读、数学、科学能力评价研究项目。
② 世界经济论坛(World Economic Forum, WEF)是以研究和探讨世界经济领域存在的问题、促进国际经济合作与交流为宗旨的非官方国际性机构,总部设在瑞士日内瓦。
③ 洛桑国际管理学院(International Institute for Management Development, IMD)从1990年开始,每年对全世界主要国家和地区的竞争力,以及该国家和地区内的企业竞争力,进行分析和排名,其评测的指标主要分为经济绩效、政府效率、企业效率、基础设施四大类指标,其中又细分出323个指标。

PISA 中常年名列前茅，成为教育强国。

芬兰不但拥有高品质的初等教育，在成年人再教育方面也取得了不俗的成效。芬兰 30 岁以上参加职业培训课程的入学者比例为 55.5%，在世界范围内名列前茅。参加再教育已经成为芬兰国民的习惯。

从幼年期开始的创业者教育

芬兰的基础教育中最值得关注的就是从幼儿园便开始的创业者培养教育。

这项教育属于彻底的"主动思考型教育"。老师将孩子们带到市场，让他们思考在市场里工作的人们如何维持生计。在类似这样的课外活动中，孩子们需要通过讨论来找出答案，而老师只是一名引导者。

通过这样的教育，孩子们不但能够学习到知识，还能够在讨论的过程中用自己的大脑思考。同时，在对市场的观察中，孩子们逐渐理解"腐烂的蔬菜不能作为商品""要想获得利润就必须对采购和销售进行管理"等常识。

虽然从幼儿园阶段就对孩子进行创业者教育属实令人惊讶，但从基础教育开始就进行主动思考型的授课，能够切实地提高孩子们的综合能力。

在语言教育方面，芬兰也针对未来的发展形势进行了相应的改革。芬兰的大学全部采用英语教学，便于从海外吸引教师和学生前来授课与学习。

第四章　北欧、德国等国家的再教育

芬兰的官方语言是芬兰语，被认为是欧洲最难理解的语言。大多数欧洲语言都属于印欧语系，而芬兰语属于乌拉尔语系，所以对外国人来说要想理解芬兰语并非易事。

而芬兰贯彻英语化教育的结果，就是诞生出了全球化企业诺基亚。诺基亚曾经是全世界最大的移动电话生产商，如今在5G等通信基础设施领域也占有一席之地。

尽管诺基亚的移动电话业务在智能手机崛起后业绩严重恶化，但这件事也给芬兰带来了积极的影响。曾经在诺基亚从事移动电话相关工作的人，纷纷开始在赫尔辛基周边地区自主创业。

这些接受芬兰的教育，并且拥有在诺基亚工作经验的优秀人才，完全有可能开创出全新的全球化事业。这就是再教育影响国力的典型案例。

丹麦的"雇佣制度与劳动市场"

在丹麦,"积极的劳动力市场政策"已经成为一个关键词,见图 4-4。

所谓积极的劳动力市场政策,就是将灵活性与安全性相结合的政策。

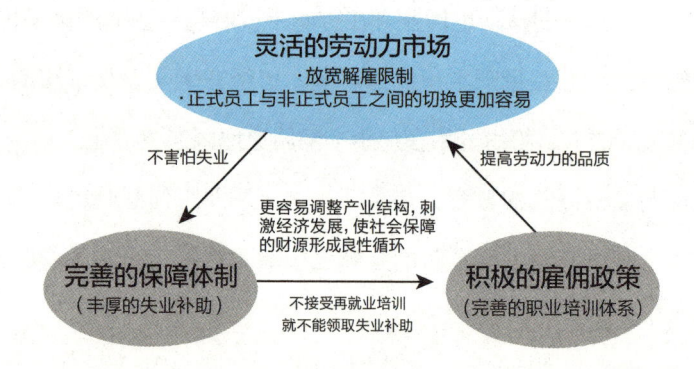

灵活的劳动力市场
- 放宽解雇限制
- 正式员工与非正式员工之间的切换更加容易

不害怕失业 → **完善的保障体制**(丰厚的失业补助)

提高劳动力的品质 → **积极的雇佣政策**(完善的职业培训体系)

更容易调整产业结构,刺激经济发展,使社会保障的财源形成良性循环

不接受再就业培训就不能领取失业补助

- 丹麦1994年开始放宽雇佣限制
- 失业补助的期间最长可达2年,补助金额为上一份工作月薪的60%~80%(低收入者为90%左右)
- 失业者必须接受再就业培训才能领取失业补助

出处:根据日经商业在线、劳动政策研究与研修机构等资料制作 ©BBT Research Institute All rights reserved.

图 4-4 丹麦的积极的劳动力市场政策

第四章 北欧、德国等国家的再教育

通过放宽解雇限制建立起一个灵活的劳动力市场，同时通过完善的保障体制和职业培训体系来提高劳动力市场的安全性。

丹麦通过"灵活的劳动力市场""完善的保障体制"和"积极的雇佣政策"组成的"黄金三角"，对该国经济起到了巨大的推动作用。

接下来让我们详细地看一下。

首先是"灵活的劳动力市场"。丹麦从1994年开始放宽雇佣限制，从此以后，正式员工和非正式员工之间的切换更加容易，便于劳动者根据自己的实际情况来进行选择。

其次是"完善的保障体制"。失业者可以领取到丰厚的失业补助，失业补助的领取期间最长可达2年，补助金额是上一份工作月薪的60%～80%（低收入者为90%左右），劳动者完全不必害怕失业，即便失业了也拥有重新进行职业规划、学习必要技能的机会。

最后是"积极的雇佣政策"。丹麦拥有非常完善的职业培训体系，不管是商业知识还是专业技术，都可以在学校里通过再教育学习，劳动者随时可以改变自己的职业。

最关键的一点在于"失业者必须接受再就业培训才能领取失

业补助"。不管职业培训体系多么完善,如果没有人来学习的话那就毫无意义。将职业培训和失业补助捆绑在一起,正是丹麦的明智之举。

第四章 北欧、德国等国家的再教育

成为"欧盟优等生"的德国

德国也和丹麦一样,通过大胆的雇佣改革和社会保障改革实现了全面复兴。

在 21 世纪初期,德国被称为"欧洲病夫"。当时德国经济持续低迷,GDP 增长率只有 1% 左右,在欧盟国家中排名垫底。

德国曾经和当今的日本一样,雇佣政策非常僵硬,将保护劳动者的权利放在首位,企业很难解雇员工。

1998 年格哈德·施罗德出任德国总理后进行了大刀阔斧的改革。施罗德提出"2010 计划",将雇佣改革和社会保障改革同时进行,在放宽解雇限制的同时积极推行职业培训,提供就业服务,促进劳动人口流动,见图 4-5。

德国政府还向企业的经营者传达了这样的信息,"对于不需要的人才,企业就可以将他们解雇。国家会对这些失业者进行再教育,企业请尽力维持自身的竞争力"。

施罗德所属的德国社会民主党(SPD),其背后的主要支持力量就是德国总工会。因此,施罗德敢于推出如此大胆的改革政策实在是非常令人惊讶,但最终德国的经济因此起死回生。

施罗德改革

- 2003年，时任德国总理的施罗德提出了"2010计划"，针对雇佣和社会保障制度提出了大胆的改革方案
- 在放宽解雇限制的同时，延长失业补助发放期间，扩大再就业培训规模
- 结果，曾经被称为"欧洲病夫"的德国发展成为当今欧洲最强大的经济体

→

- 北欧各国和德国一致认为，有必要对劳动者进行再教育，使其能够适应新的技术环境
- 现在即便日本放宽解雇限制，如果没有职业培训机构和大学提供相应的教育，也无法取得理想的再教育成果

出处：根据日经商业在线、劳动政策研究与研修机构等资料制作 ©BBT Research Institute All rights reserved.

图 4-5　德国的雇佣制度与劳动力市场改革

当然，德国并非单方面地放宽解雇限制。与此同时，德国加大了公共职业培训的力度，向接受再教育的人提供政府颁发的资格证书。也就是说，国家承担起了对国民进行再教育的责任，构筑起了让劳动者能够胜任21世纪新产业的培训体制。

施罗德的改革在初期由于放宽解雇限制的关系，遭到了劳动者的反对，因此施罗德也在2005年的大选中落败，但他改革的成果在默克尔首相上台后终于体现了出来。为了维护自身的地位而一味地强迫企业维持雇佣的日本政治家真的应该向不惜牺牲自己也要大胆进行改革的施罗德好好学习。

第四章 北欧、德国等国家的再教育

大企业承担的社会教育责任

德国的再教育最大的特点是大型企业承担起了社会教育的责任，这在信息技术领域表现得尤为明显。接下来就让我们来看一看信息通信领域的大型企业西门子的案例。

西门子用在员工教育上的成本大约是每人每年12万日元，而日本企业的这个数字平均只有1.3万日元。由此可见西门子对员工教育的重视程度，见图4-6。

🇯🇵		🇩🇪
每年大约1.3万日元（日本企业的平均值）	花在每位员工身上的教育成本	每年大约12万日元（西门子）
只针对自己企业员工	教育对象	面向整个行业
只适用于自己企业或行业内部的知识	教育内容	适用于任何企业的知识和技能
以OJT和课堂培训为主	教育方式	利用智能手机和个人计算机进行在线培训

德国企业承担社会教育的责任

出处：根据日经商业在线、劳动政策研究与研修机构等资料制作 ©BBT Research Institute All rights reserved.

图4-6 德国与日本企业的员工教育对比

日本企业的教育只针对自己企业的员工,而西门子的教育则面向整个社会。这是因为德国人普遍认为教育不能只考虑自己企业,而应该考虑到整个行业的发展。西门子在进行员工教育的时候,传授的也并非只适用于自己企业的知识,而是不管进入任何企业都适用的知识和技能。

在教育方式上,西门子充分地利用了智能手机和个人计算机等电子设备,让繁忙的成年人能够根据自身的情况接受再教育。

第四章 北欧、德国等国家的再教育

大众汽车的员工教育

另一家德国的代表性企业大众汽车（VW），也实行了大规模的员工教育。大众汽车为了满足未来数字化时代的要求，针对从事传统技术工作的员工开展了与新技术相关的教育和培训。

这一系列的举措被称为"抓住未来项目"，该项目还对企业未来所需要的员工数量进行了计算。计算的结果表明，要想实现整体数字化，提高竞争力，公司还需要增加9000名员工。大众汽车的员工教育情况，见图4-7。

不仅日本，德国的汽车产业从业人员也对行业的未来信心不足。大众汽车不但没有减少雇员，反而宣布为了增加竞争力要增加雇员数量，这无异于给员工们打了一针强心剂，极大地提高了员工们的工作热情。

员工教育也是公司向员工传递信息的方式之一。要想激发出员工的潜在能力，实现企业成长，形成良性循环，西门子和大众汽车的做法十分有效。

再教育社会

大众汽车"抓住未来项目"

- 为了满足未来数字化时代的要求,针对从事传统技术工作的员工开展与新技术相关的教育和培训
- 为了实现整体数字化,提高竞争力,公司还需要增加9000名员工

对受数字化影响的部门的员工进行再教育

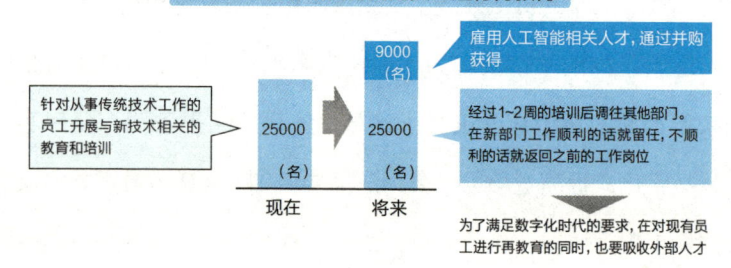

针对从事传统技术工作的员工开展与新技术相关的教育和培训

现在:25000(名)
将来:25000(名) + 9000(名)

雇用人工智能相关人才,通过并购获得

经过1~2周的培训后调往其他部门。在新部门工作顺利的话就留任,不顺利的话就返回之前的工作岗位

为了满足数字化时代的要求,在对现有员工进行再教育的同时,也要吸收外部人才

出处:根据日经商业在线、劳动政策研究与研修机构等资料制作 ©BBT Research Institute All rights reserved.

图4-7 大众汽车的员工教育情况

第四章 北欧、德国等国家的再教育

华为的员工教育

加大员工培训的力度，如今已经成为全球化企业的共识。中国的华为就是通过员工教育提高自身竞争力的企业之一。在2018年，华为的智能手机的出货量超过苹果成为世界第二，在日本市场的份额也在不断扩大。我在20年前曾经访问过华为在中国深圳的总部，对这家公司以技术人员为中心的方针感到十分惊讶。后来，我又带着50名左右的日本企业高层管理人员再次访问华为，当时我就觉得华为必将成为一家全球化企业。

毫无疑问，华为属于"破坏者"。2017年华为在日本招聘软件工程师，入职第一年的月薪就高达40万日元，引发了不小的轰动，因为当时日本软件工程师入职第一年的月薪只有20万日元左右。但是，我觉得"日本人被华为耍了"。因为华为在中国深圳招聘软件工程师入职第一年的月薪是75万日元，所以日本人拿到40万日元的月薪根本不算什么。

华为不但给予员工丰厚的薪水，在员工教育方面也毫不吝啬，见图4-8。

比如为了共享企业的隐性知识，华为在公司内部开设了一个

再教育社会

设置内部培训机构	每一位新员工有两名指导者	"知识分享"的义务
● 开设"华为大学",在全世界45个国家和地区设有培训中心 ● 培训机构的讲师由经验丰富的员工担任,与其他人分享最先进的知识和经验,只有在极少数情况下聘请外部讲师	● 其中一人负责进行日常的业务指导;另一人则负责解答新员工的问题,从新员工入职初期就帮助其养成知识分享的习惯	● 所有的员工都必须将业务报告发送到指定的系统中 ● 其他员工可以根据自身需要查阅相关的信息,想具体了解的话还可以去询问本人 ● 分享的业务经验得到其他人的肯定,分享者的人事考评也会得到加分

"内部培训"的理想状态

"破坏者"	"被破坏者"
● 身为"破坏者"的华为实行的"内部培训"(再教育)取得了巨大的成果 ● 华为将销售收入的10%用于研发,公司内部拥有最先进的技术(物联网、人工智能等) ● 公司内部拥有一切学习所需的资源,能够实现"再教育"的内部化,由公司提供人才、资金、场所等	● 身为"被破坏者"的企业由资深员工对新员工进行指导,陈旧的指导内容难以取得理想的效果 ● 以优秀的内部培训著称的通用电气也要从外部聘请讲师 ● 三越伊势丹虽然让岁数大的员工提前退休并雇用应届毕业生,但这样做就能够应对数字化革命了吗?

出处:基于2017年10月14日《东洋经济周刊》等资料制作 ©BBT Research Institute All rights reserved.

图 4-8　华为的员工教育

第四章 北欧、德国等国家的再教育

被称为"华为大学"的培训机构，在全世界 45 个国家和地区设有培训中心，积极地培养 ICT 人才。

培训机构的讲师由经验丰富的员工担任，与其他人分享最先进的知识和经验。华为还会给每一位新入职的员工都配备两名指导者。其中一人负责进行日常业务指导，相当于新员工的师父；另一人则负责教会新员工如何作为一名华为人生存下去，相当于心理辅导员。

负责指导日常业务的一般是年轻员工。这和由资深员工教导新员工业务的日本企业完全不同。因为在信息技术行业，技术的更新换代非常快，资深员工的工作方法很有可能已经跟不上时代。

华为如今之所以能够发展成为美国最为忌惮的高科技企业，正是因为其拥有完善的员工教育体制以及公司内部"知识共享"的文化。华为的所有员工都必须将业务报告发送到指定的系统中供其他员工随时查阅。这样一来，华为的员工就可以随时利用他人的工作经验来满足自身的业务需求。

在日本的企业之中，员工只需要向自己的直属上司进行业务汇报，就算工作出现问题，也只会得到上司的指正。但华为将员工的经验在公司内部共享，其他员工如果想了解详细内容的话，可以直接找本人询问。

尤其值得注意的是，如果员工分享的业务经验得到其他人的肯定，那么这名员工的人事考评也会得到加分。这种机制提高了员工对"知识共享"的积极性。

第四章 北欧、德国等国家的再教育

逆世界潮流而行的日本

正如前文所述,如今拥有较高全球化影响力的国家和企业,无一不是将政府的政策和企业的实际情况完美地结合在了一起,见图4-9。其中的关键在于,在促进人才流动的同时,还要完善社会保障和再教育体制。然而,日本现在的做法却完全与之相违背。问题最大的就是日本政府提出的"劳动方法改革"增加正式员工数量,会导致日本的劳动力市场更加僵硬。

尽管遭到德国工会的强烈反对,施罗德仍然坚持进行改革。北

国家和地区	支撑再教育的社会制度与背景
北欧	●教育改革(主动思考型教育) ●劳动力市场改革(积极的劳动力市场政策) ●高税收、高福利 ●平衡工作与生活
德国	●劳动力市场改革(施罗德改革) ●双重体制 ●工业4.0政策
美国	●劳动力市场改革(里根改革) ●企业积极雇用接受再教育和留学的人才 ●大学和企业都拥有极高的研究水准

出处:BBT大学综合研究所 ©BBT Research Institute All rights reserved.

图4-9 欧美普及再教育的背景和社会制度

欧国家也是一样，各国政府都竭尽全力提升劳动力市场的灵活性。

今后，日本能否出现一个像施罗德那样，认为"对技能不足的劳动者进行再教育是国家的责任"，并且坚决建立再教育体制的政治家呢？我想，几乎不可能吧。

日本企业现在大量雇用二十二三岁的应届毕业生，但当他们四十多岁的时候，正是如今无法预测的时代。企业应该对这些年轻人进行相应的教育，使其能够适应时代的发展，如果做不到这一点（对老年人进行再教育已经来不及了），只是单纯吸收年轻人才，完全是一种不负责任的做法。

适合日本国情的再教系体制，见图 4-10。

日本特有的国情不适合直接导入欧美型的再教育体制	数字化革命时代来临 →	符合日本国情的再教育
●日本放宽解雇限制和对失业保险进行改革还需要一些时间 ●日本的"雇佣流动性"较低，离开公司接受再教育的风险较高 ●即便离开公司接受再教育，也不会找到更好的工作，这段时间会被认为是"空白期"		●像"施罗德改革"那样，将对离开企业的人才进行再教育当成是"政府的责任"，让企业吸收接受再教育的人才。再教育的内容以适应时代需求为主 ●边工作边学习，在工作中发现自己的不足。这就需要建立起完善的"工作补给体制"

出处：BBT 大学综合研究所 ©BBT Research Institute All rights reserved.

图 4-10　适合日本国情的再教育体制

第四章　北欧、德国等国家的再教育

【第四章的关键词】

人生拼图

人生拼图是将工作、育儿等人生中的重要因素像拼图一样构筑的思考方式。在瑞典，人们采用这种方式平衡工作与生活。

H&M

H&M是瑞典的服饰品生产企业"海恩斯莫里斯"旗下的时尚品牌，在全世界范围内开展快时尚业务。

PISA

PISA是经济合作与发展组织对国际学生学习程度调查的简称，针对结束义务教育的15岁学生，调查阅读理解、数学知识、科学知识、问题解决力。

诺基亚

诺基亚是总部位于芬兰的电子通信设备生产企业，曾经在移动电话领域占据全球销量第一的宝座，但因为没能及时应对智能手机的市场变化而导致经营陷入困境，现在主要从事通信基础设施相关业务。

积极的劳动力市场政策

积极的劳动力市场政策通过放宽解雇限制等手段提高雇佣市场的流动性，同时加强失业保障体制。

"2010计划"

"2010计划"是德国前总理格哈德·施罗德在2003年提出的改革计划，以雇佣改革和社会保障改革为支柱，创造振兴德国经济的契机。

西门子

西门子是总部位于德国的跨国企业，最初从事电子仪器制造事业，现在在信息通信、电力、医疗、防卫等多个领域都有业务展开。近年来，西门子致力于物联网领域，还与IBM展开了业务合作。

华为

华为是1987年于中国深圳成立的通信设备生产企业，2018年智能手机的出货量超越苹果成为世界第二。

第五章
利用再教育培养"构想力"

第五章 利用再教育培养"构想力"

通过"可视化"激发日本人的潜能

在前文中,我对日本在政策方面和教育方面存在的根深蒂固的问题进行了整理,同时也介绍了一些国外的先进案例。

但是,我并不是想说"日本人不行"。日本人在经济高速成长期也展现出了优秀的才能,只是不知道如何在当今时代发挥出这些才能而已。

日本人的特点是"只能对可见的目标发挥出才能"。学习国外的商业模式和技术,凭借自己的能力使其品质得到进一步的提升,通过制造青出于蓝而胜于蓝的产品,日本逐渐在全世界范围内建立起自己的影响力。

现在日本人处于领先地位的领域,无一不是目标可视化的领域,比如,乒乓球的伊藤美诚、石川佳纯、水谷隼、张本智和,花样滑冰的羽生结弦、纪平梨花,高空跳台滑雪的高梨沙罗、小林陵侑,将棋的藤井聪太等。在竞技体育项目中,日本选手都能发挥出自己的能力。

在艺术领域,樫本大进 31 岁就成为柏林爱乐乐团的首席指挥,世界知名的乐团中出现日本人的身影早已不是什么新鲜事。在瑞士洛桑举办的国际芭蕾舞大赛上，日本人也经常能够取得优异的名次。

日本"可视化"的现状与课题，见图5-1。

日本人天生就具备朝着目标努力的才能，但之所以无法将这种才能发挥在现代的商业活动之中，是因为进入数字化革命时代之后，日本人仍然还依靠之前在经济和管理领域积累的成功经验，完全没有表现出面向未来的积极态度。现在连欧美国家的人也不知道什么是标准答案，所有人都处于摸索阶段。21世纪就连GAFA[①]和BATH[②]这样的科技巨头都在摸索中前行。所有人和企业都不知道未来是什么样。现有的商业模式和技术可能在转眼间就被淘汰，想找出一个"只要这样做就能胜利"的目标几乎是不可能的。从这个意义上来说，所有人和企业都站在同一个起跑线上摸索前行是现代社会最大的特征。

对于日本人来说，最重要的就是将目标"可视化"。要想做到这一点，就必须积极地前往现场"观察"，除此之外别无他法。

---

① GAFA，是美国科技界的四大巨头谷歌（Google）、亚马逊（Amazon）、脸书（Facebook）、苹果（Apple）首字母缩写的合成词。
② BATH，是中国科技界的四大巨头百度（Baidu）、阿里巴巴（Alibaba）、腾讯（Tencent）、华为（Huawei）首字母缩写的合成词。

第五章 利用再教育培养"构想力"

日本"可视化"的现状与课题	日本达到世界水准的"可视化"领域
●如今的教育制度、产业界、学界等都无法实现"可视化" ●在"没有答案"的时代,对"可视化"的努力不足 ●必须认清明治时代以来的弊端	●通过"可视化"就能激发出日本人的潜能 ●在体育、音乐等领域达到世界水准的日本人有很多: 乒乓球: 伊藤美诚 花滑: 羽生结弦、纪平梨花 将棋: 藤井聪太 音乐: 樫本大进

实现"可视化"的方法

实现"可视化"的方法	值得一去的国家和地区
●去其他的国家看一看 ●了解哪些领域都有哪些人才	●最好的方法就是去世界各地了解一下当地的现状,美国、中国、北欧是第一选择 ●时刻保持危机感,坚持学习最新的知识和技术

出处:©BBT Research Institute All rights reserved.

图 5-1 日本"可视化"的现状与课题

去美国、中国的高科技产业发达的城市开开眼界，或者去北欧学习一下最先进的教育模式。只要是与自己行业相关的敏感内容，就要尽可能到现场亲眼看一看。

如果对汽车行业的未来存在不安，那就亲自体验一下奥迪汽车的自动驾驶技术，收集与谷歌自动驾驶部门 Waymo 相关的资料，或许可以从中找出与全新商业模式有关的灵感。

不同年龄层应该学习不同的东西

企业的管理者最应该下功夫的地方就是人事。如果觉得自己不擅长人事工作，而将人事工作全都推给人事部部长去做，那是身为领导者的失职。

接下来我将为大家介绍最适合日本的再教育模型。

企业对员工进行再教育的情况下，第一次再教育应该在员工刚入职的 25 岁时，然后是 35 岁、45 岁、55 岁，每隔 10 年都要再进行一次再教育。

在进行再教育的时候，关键在于根据对象的年龄和职位来调整教育内容，见图 5-2。

商务人士需要的职业能力主要由以下四个要素组成。

- ·问题解决力：在工作现场解决问题的能力；
- ·"硬技能"：信息技术、金融、营销、统计等；
- ·"软技能"：领导能力和包括英语能力在内的交流能力等；
- ·"构想力"：从无到有的创造力。

再教育社会

```
年龄
（职位）        需要的能力比例（模式图）

高层
管理者                                    "构想力"
                                        ·从无到有的创造力

                           "软技能"
中层                       ·领导能力
管理者                     ·交流能力（英语等）

                "硬技能"
                ·信息技术
                ·金融
                ·营销
普通            ·统计
员工    问题解决力
```

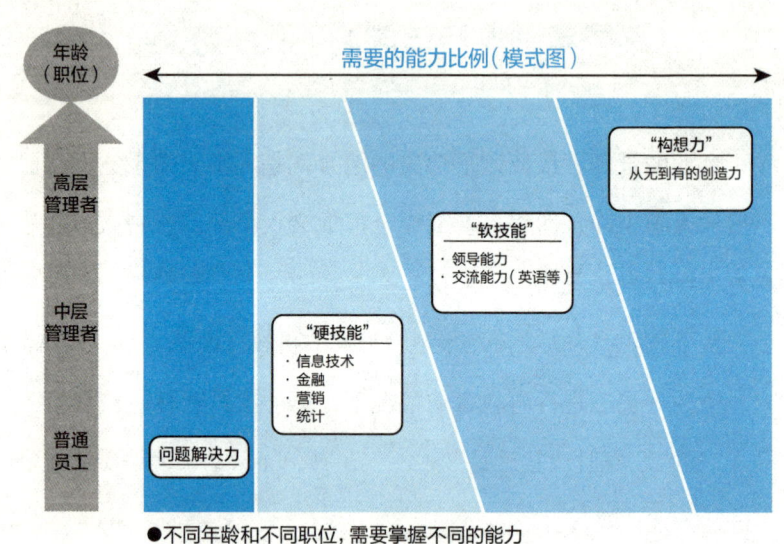

- 不同年龄和不同职位，需要掌握不同的能力
- 通过再教育，可以使35岁、45岁、55岁的人也成为不会被人工智能取代的人才

【要想在人工智能时代生存下来必不可少的能力】

不会被人工智能取代的能力	将人工智能变为帮手的能力
● 锻炼领导能力，提高情商 ● 实践经验比知识更重要	● 能够将自己头脑中的构想"可视化"，设计系统框架的能力 ● 简单的编程技术（尽可能在年轻的时候就学会）

出处：BBT 大学综合研究所 ©BBT Research Institute All rights reserved.

图 5-2　不同年龄（职位）需要的能力比例

第五章 利用再教育培养"构想力"

在所有年龄段都必不可少的是问题解决力和"软技能"。

不管多大年纪，身居什么职位，都必须拥有解决眼前问题的能力和交流能力。所以当新员工入职后，先要让其掌握问题解决能力和"软技能"。

正如前文中提到的华为那样，负责为新员工进行培训的，应该是"最接近新员工的人"。这些拥有丰富的现场经验而且掌握最先进信息技术知识的前辈，能够让新员工彻底地掌握问题解决能力和"软技能"。

"硬技能"和"构想力"的重要性则随着年龄和职位的变化而有所不同。年轻的普通员工需要掌握信息技术、金融等"硬技能"，还需要掌握简单的编程技术。

但随着年龄的增长，想要掌握最先进的"硬技能"变得越来越难，而且当自己升职为中层管理者之后，就应该将与"硬技能"相关的工作交给年轻人去完成。而自己则利用空余出来的时间来提高"构想力"。

"构想"的力量

商业活动离不开概念和愿景。这是构筑战略和事业计划不可或缺的要素，但上述两者的基础都在于"构想"，也就是说"构想＞概念和愿景＞战略＞事业计划"。

要想将自己大脑中的想法"可视化"，设计出大致的系统框架，就必须拥有"构想力"，而"构想力"离不开"想象力"和"灵感"。

"构想"就像是"自己大脑中的一幅画"，要想让别人也能够了解自己的想法，我们需要有将这幅画变成现实的能力。因为只有将看不见的想法传达给别人，才能够使其变成概念和愿景，最终实现事业的发展。

以芬兰的诺基亚为例，诺基亚的原董事长兼CEO约玛·奥利拉就是一位拥有"构想力"的人。

诺基亚最初只是一家生产橡胶长靴、轮胎、电子零件和纸张的小公司，但奥利拉却大胆地构想"未来将是人手一台移动电话的时代"，将濒临破产的诺基亚（其前任自杀）转变为一家移动电话公司，并发展成为曾排名世界第一的移动电话生产企业。

虽然现在因为智能手机的崛起导致诺基亚的移动电话事业一

第五章 利用再教育培养"构想力"

落千丈,但从 1998 年到 2011 年之间,诺基亚的移动电话不管在市场占有率还是销售数量上都牢牢地占据着世界第一的宝座。奥利拉的构想使诺基亚取得了巨大的成长,并且极大地推动了芬兰的经济发展。

仅仅一个人发挥出自己的"构想力",就对社会造成如此巨大的影响,这样的案例可以说是不胜枚举。

提出"让所有的桌子上、所有的家庭中都有计算机"的构想并将其实现的微软的比尔·盖茨,希望建立一个让全家人都乐在其中的游乐园的华特·迪士尼。日本也有这样的人,从 4 岁开始就投身音乐的雅马哈的川上源一、本田的本田宗一郎、软银的孙正义等,他们都将看不见的构想成功地"可视化"。通过再教育能够培养出像他们那样拥有"构想力"的人才吗?我认为答案是肯定的。

"构想力"的重要性

日本人不擅长"从无到有"地思考，其实这就是缺乏"构想力"的表现。日本人很擅长"从1到1.1"的改善，但需要从无到有的创造时大脑就像被冻住了一样。改善本身并不是坏事，因为将改善做到极致而成为世界第一的日本企业也有许多。但在今后的时代，如果不能"从无到有"地开创全新的商业模式，就无法在激烈的竞争中生存下去。

日本的管理者总是强调"增加利润"，却从不提出构想和愿景，结果就是难以提高员工的积极性。身为企业的管理者，首先应该自己描绘出构想，没有构想的企业可以说是寸步难行。

在日本的汽车生产企业还在努力将1变成1.1、1.2的时候，像特斯拉那样的新参与者在出现的瞬间就展现出强大的影响力。这种变化今后将出现在所有的行业之中。曾经只被看作是一家网络书店的亚马逊，如今已经成为全世界最大零售企业沃尔玛的头号威胁。但亚马逊的创始人杰夫·贝佐斯在20年前创业当初就提出了"成为全世界最大零售商"的宣言。他一直在按照自己构想的道路前进，经过不断尝试，收购了十几家企业，终于发展壮大

第五章 利用再教育培养"构想力"

到今天这种规模。

日本要想在今后的时代生存下去，商务人士必须在年轻时就培养"构想力"，经营者更要将"构想力"作为必不可少的技能。具体来说，就是在40岁的时候开始主动转换到需要发挥"构想力"的工作中去。

日本人绝不是没有"构想力"，我在这么多年的职业生涯中遇到过许多拥有优秀"构想力"的日本人。不过，日本人特有的"总想第一时间寻找答案的习惯"限制了自己的"构想力"。这也是日本学校教育的弊端，导致日本人在每次解决问题之前总是习惯性地翻阅书后面的参考答案。所以我们要先习惯于解答没有答案的问题。

要想锻炼"构想力"，必须注意以下两点：

①构想是比概念和愿景更大的概念；

②构想就是将"看不见的东西"在个人的大脑中"可视化"。

企业应该以这两点为前提对员工进行教育。在教育时不能只传授知识，同时还要给员工安排需要承担一定程度责任的工作，让员工通过"革新"的思考，自己找出公司应该前进的方向，积累宝贵的经验。

设置新的政府机构

在实施再教育的时候,仅凭企业单方面的努力是远远不够的。通过国外的案例可以看出,政府对再教育的支持必不可少。

从目前日本的状况来看,问题在于没有任何一个政府机构积极推行再教育。日本政府机构里负责教育的部门是文部科学省,但文部科学省的工作重点在就职前的学校教育上,而且文部科学省本身就跟不上时代的变化,这一点也非常致命。

我认为日本需要设置一个新的政府机构,从与文部科学省完全相反的角度认真地推行再教育。这个机构的责任是培养能够适应21世纪产业需求和企业需求的人才,因此可以叫作"人才企划与创造省"。

如果日本政府真的想要改变现状,那就应该考虑将现在的经济产业省和文部科学省合二为一。当然,前提是这两个政府部门的职员必须以"为了国家百年大计"的态度认真负责地工作。另外,现在负责雇用和劳动的厚生劳动省同时还负责管理健康与医疗,但并没有充分地发挥出应有的作用。因此,我认为应该将厚生劳动省按职能拆分为两个部门,将厚生劳动省分成专管健康和医疗

第五章 利用再教育培养"构想力"

的"厚生省"与专管退休金等退休人员事务的"功劳省",然后将与再教育相关的职责移交给"人才企划与创造省"负责。只有这样做,日本政府才能真正地开始实施再教育政策,见图5-3。

成立"人才企划与创造省"	● 设置以培养能够适应21世纪产业需求和企业需求的人才为目的的新机构 · 从与文部科学省完全相反的角度推行再教育 · 将厚生劳动省分成厚生省、功劳省,将教育相关的职责移交给新机构 · 经济产业省应该取消,将"人才"相关的职责移交给新机构 · 政府各部门不能各自为战,应该保持一致性 ● 只给即将退休的人才发放一笔"再教育"补助金的政策并没有太大的作用
重新定义教育机构的责任	● 义务教育延长到高中(免费) · 构筑一个让学生在高中毕业后能够适应社会环境的课程体系 ● 大学与大学院职业培训课程(自费) · 通过职业教育来培养"赚钱力" ● 大学院博士课程(部分自费) · 通过更深层的研究来维持国力,用税金为优秀的人才提供保障
日本版积极的劳动力市场政策	● 实施"雇佣流动化" ● 被解雇的人可以通过完善的再教育体制掌握21世纪所需的工作技能 ● 加强社会保障力度,给予丰厚的失业补助

出处:基于大前研一记事及各种记事等资料制作 ©BBT Research Institute All rights reserved.

图5-3 政府应该采取什么行动

再教育社会

日本政府应该效仿德国政府的做法,在促进"雇佣流动化"的同时加强社会保障力度,这也是政府的责任。企业能够更简单地解雇员工以维持自身的竞争力,而被解雇的人则可以通过完善的再教育体制掌握21世纪所需的工作技能,并且领取丰厚的失业补助。这样一来,劳动力市场一定能够实现良性循环。

第五章 利用再教育培养"构想力"

告别金字塔形组织的夏普

日本企业自从经济高速发展时期开始一直到现在都采用年功序列制,这就导致日本企业中存在许多只负责传达信息却不从事实际工作的中层管理者。这些中层管理者严重阻碍了企业的发展。

课长负责管理系长,系长负责管理主任,类似这样毫无意义的组织架构不断重复,最终的结果就是导致企业内充满了"没有用的人才"。

由于传达信息的工作很容易通过技术取代,因此就算消失也不会对企业的经营造成任何影响。

日本企业用实际情况证明,中层管理者已经成为企业的沉重负担,其中最具代表性的就是夏普。

凭借液晶电视"AQUOS"的成功而实现飞速发展的夏普却在2008年因为受次贷危机的影响而接连遭遇打击,在龟山、堺市的液晶屏工厂产能过剩,再加上全球经济危机,利润率达到30%的液晶屏价格大幅下跌。

品牌价值急速下降,在产品的功能和品质上也难以实现差异化的夏普出现了严重的亏损,经营陷入了巨大的危机之中。

再教育社会

就在这个时候,中国台湾的鸿海精密工业股份有限公司(以下简称"鸿海")向夏普伸出了援手。鸿海投资大约3900亿日元,成为夏普最大的股东。夏普作为鸿海的子公司,决定开始经营重组。鸿海的董事长郭台铭派戴正吴前往夏普主持重组事务。

戴正吴出任夏普社长后对全体员工传达的第一个信息就是要回归夏普创始人早川德次重视"原创"的创业精神和经营者哲学,同时宣布对人事制度进行根本性的改革。

具体来说,就是不分年龄、性别、国籍,只要是取得成果的员工就能得到奖金和股权等回报,彻底废除年功序列制度。

虽然对于无法取得成果的员工和上了年纪的员工来说这是一条非常残酷的规则,但夏普却成功地实现了起死回生。在2017年3月期结算中,夏普终于恢复了盈利,在不到两年的时间内回归东证一部[①]。

夏普的事例充分地证明了即便是日本传统的大型企业,只要真的想要改革也一样能够做到。现在已经到了必须和日本的金字塔形组织说再见的时候。

---

① 东证指的是东京证券交易所,是日本三大证券交易所之一。在东京证券交易所上市的以日本企业为主。东证一部,相当于主板市场。

第五章 利用再教育培养"构想力"

在 20 世纪下半叶，日本凭借令人惊讶的第二次世界大战后复兴成为经济强国，无论国家还是企业都积累了大量的成功经验。但进入 21 世纪之后，过去的成功经验已经不再适用。日本企业要想适应 21 世纪的经营环境，必须拿出壮士断腕的精神进行大胆的改革，夏普借助鸿海的力量实现的涅槃重生，就是最好的例证。

即便是传统企业，只要方法得当一样能够成功复活。日本企业不应该轻言放弃。

再教育社会

30多岁创业者辈出的Recruit

21世纪的企业,应该是帮助商务人士提高自己的补给站(LTE Station)。

LTE是"Life Time Empowerment"的缩写,意为生命活力的源泉。而再教育,则是对生命活力的源泉进行补给的手段。学习世界最先进的案例,研究最新的科技动向,创造一个能够帮助员工激发自己潜能的体制,是今后管理者和人事部门最重要的责任,见图5-4。

比如建立起一个支持内部创业的体制,就可以使现有事业与新事业相结合,实现全新的发展。虽然非常罕见,但在日本也有支持内部创业的企业。接下来我就为大家介绍一下Recruit(招聘公司)的案例。

Recruit是江副浩正于1960年成立的大学报纸广告公司,最初是面向学生提供求职信息的公司,现在Recruit除了从事老本行广告业之外,还接二连三地开创了许多有竞争力的新事业。

该公司的人事制度中最有特色的一点就是"38岁退职制"。Recruit的员工达到38岁的时候必须强制退职,但同时能够得到

第五章 利用再教育培养"构想力"

在此之前： 随着年龄的增长，工作内容"越来越简单"

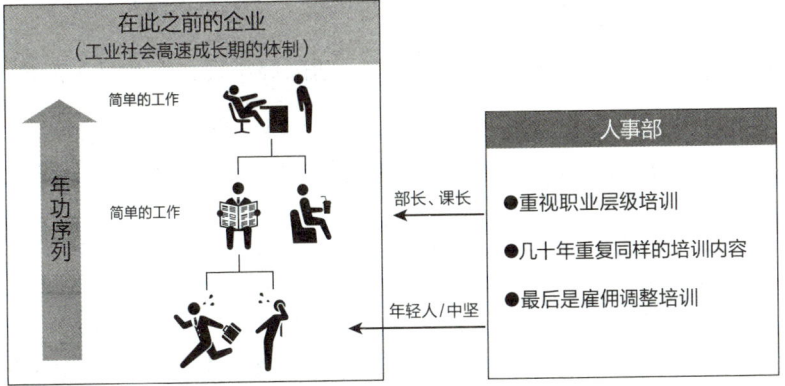

在此之前的企业
（工业社会高速成长期的体制）

年功序列 ↑
- 简单的工作
- 简单的工作

人事部 ← 部长、课长／年轻人/中坚
- ●重视职业层级培训
- ●几十年重复同样的培训内容
- ●最后是雇佣调整培训

随着年龄的增长，员工的工作内容"越来越简单"

从今以后： 随着年龄的增长，工作内容"越来越复杂"

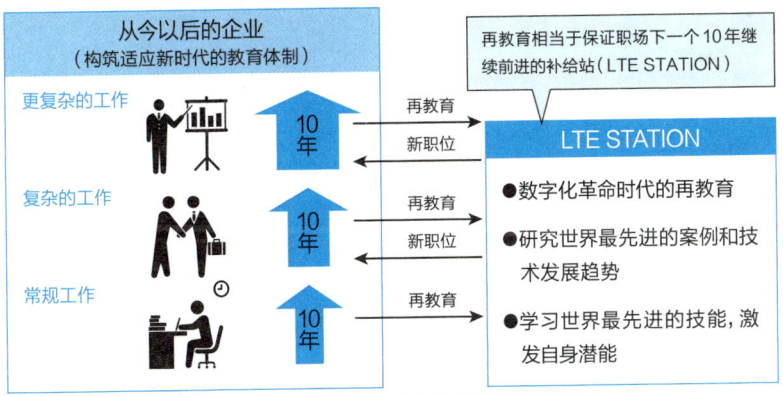

从今以后的企业
（构筑适应新时代的教育体制）

- 更复杂的工作 ← 10年 ← 再教育／新职位
- 复杂的工作 ← 10年 ← 再教育／新职位
- 常规工作 ← 10年 ← 再教育

再教育相当于保证职场下一个10年继续前进的补给站（LTE STATION）

LTE STATION
- ●数字化革命时代的再教育
- ●研究世界最先进的案例和技术发展趋势
- ●学习世界最先进的技能，激发自身潜能

- ●从今往后，需要构筑起每隔10年就大幅提升自身能力的"LTE STATION"体制
- ●构筑这样的"实时在线学习"的体制是企业经营者最重要的工作

出处：BBT 大学综合研究所 ©BBT Research Institute All rights reserved.

图 5-4 企业培训的变化

高达 1000 万日元的退职金，员工可以用这笔资金来进行创业。

现在，Recruit 的 38 岁退职制由两部分组成，一个是入职后就早早设定好退职金的"创业补助金"，另一个是 35 岁之后每 3 年增加一定额度退职金的"新发展制度"。

新发展制度增加的退职金额度，在 35 岁和 38 岁时是 750 万日元，41 岁、44 岁和 47 岁的时候则是 1500 万日元，只要是 Recruit 的员工，到了相应的年龄都可以领取这笔钱。有如此丰厚的待遇做保障，那些将来有创业意向的优秀人才自然会被 Recruit 吸引。

事业顺利转换的 Recruit

除了丰厚的退职金之外，有机会对管理层阐述自己的新事业计划，对有志于创业的员工来说也是一个很大的激励。

一旦员工的新事业计划得到管理层的认可，Recruit 甚至会主动提供资金支持。事实上，像 RIKUNABI（利库纳比）、R35、ZEKUSHI（泽库什）、HOT PEPPER（辣椒）等 Recruit 如今的支柱事业，都诞生于这项制度。

由于 Recruit 的事业涵盖生活的方方面面，所以与 Recruit 合作开展商业活动，比自己独立创业更容易获得竞争优势。

Recruit 之所以能够从纸质媒体的商业模式顺利地转变为互联网相关事业，也得益于其独特的认识战略。江副浩正确实是一个非常有先见之明的人。

出身于 Recruit 的创业者非常多，还有很多人在离开 Recruit 之后也发展得很好。因为受企业文化的影响，Recruit 的员工在很年轻的时候就拥有了创业意识。

在一般的企业之中，只有入职 20 年以上的员工才会被委以重任，绝大多数的员工都是遵照上司的命令工作。

但在 Recruit，新员工入职后需要在 15 年的时间里锻炼出能够自主创业的能力，并且培养出创新精神。因此，Recruit 形成了一种所有人都为了将来的发展而不断磨炼自己、大胆尝试新挑战的企业文化。

内部创业所必备的思考能力，是可以通过锻炼得到提高的。很多商务人士还停留在 20 世纪的思考模式中，当让他们思考企业未来的发展时，他们只能拿出十分平庸的计划。但在和我进行半年左右的讨论之后，他们就能够想出完全不同的答案，可见一切都取决于教育。

我认为最适合内部创业的就是 40 多岁到 50 多岁的人。这个年纪的人积累了非常丰富的经验，只要给他们注入新的创意，就能够想出具有极高可行性的计划。

第五章 利用再教育培养"构想力"

实现事业成长与人才成长良性循环的 CyberAgent

凭借"Ameblo"（阿梅博）以及网络电视台"AbemaTV"（阿梅电视）而广为人知的 CyberAgent（网络代理公司），也拥有一套独特的人事制度。CyberAgent 在构筑起人事战略的同时，还将人事战略和经营战略组合起来，在对年轻员工的培养中发挥了至关重要的作用。

在 CyberAgent 的成长战略中有一个被称为"有机增长"（Organic Growth）的体制，具体来说就是让许多年轻人参与到新事业的计划之中，并且在一开始就明确事业退出的规则。

如果新事业一切顺利，就继续投入人才和资金使其发展壮大，如果不顺利就及时退出。但即便失败了，员工们也一样有再次尝试的机会，这样一来员工就可以从失败中吸取教训。因为所有人都有机会参与到新事业之中，所以这个体制非常公平合理。

CyberAgent 的董事长等高层管理者是有任期的，高层管理者的频繁更换也给了年轻人更多的成长机会。比如 CyberAgent 的董事会由 8 个人组成，被称为"CA8"，原则上每 2 年就要更换其中的 2 名成员。

CyberAgent 在"CA8"的基础之上又增加了 10 名执行董事变成"CA18",后来再加上有发展前途的 18 名年轻人,就变成了"CA36",这样一来,年轻员工也有机会积累与经营决策相关的经验。2018 年 10 月,CyberAgent 取消了"CA8"与"CA16",只保留了"CA36"。

培养敢于挑战的企业文化的"新人社长"

CyberAgent 的人事制度中还有一个很有特点的地方，那就是"新人社长"。

这个制度正如其字面意思表示的那样，就是让刚入职没多久的新人去子公司出任社长，到目前为止 CyberAgent 的新人社长已经超过 50 人。

被录取的应届毕业生在入职前会被询问："你想当社长吗？"如果对方回答："想。"那么就有被任命为子公司社长的机会。

至于具体的工作内容，既有 CyberAgent 方面直接任命的，也有员工自己提出"我想要从事这样的工作"的。

在普通的企业之中，一名员工要先从事各种职位积累经验，掌握许多技能之后，才有机会成为社长，但 CyberAgent 的新人社长完全省略了这些过程。

社长这个职位，不但要了解一般的商务内容，还要掌握人事、法律、财务等许多领域的知识才能胜任。因此，我认为新人社长是一个能够极快地提高人才成长速度的体制。

这种鼓励员工积极挑战的人事战略为 CyberAgent 的事业扩

张提供了巨大的帮助。CyberAgent 除了原本的广告业之外，还开拓了大大小小许多商业活动，那些充满成长欲望的员工在其中发挥了不可替代的作用。

直播形式的网络电视台 AbemaTV 就是最好的例子。虽然 AbemaTV 目前还没有实现盈利，但敢于不畏风险进行挑战本身就能够让人感觉到 CyberAgent 的无穷潜力。

CyberAgent 的社长藤田晋曾经说过"希望让更多的人参与到决策中来"，而他将自己的这种想法落实在人事战略上的方法实在是令人赞叹。

不过，千万不要认为"这是只有 CyberAgent 才能实现的方法"。事实上，只要达到一定规模的企业都可以采取 CyberAgent 的这种方法。

企业里必然存在财务、采购、营销等许多部门。将这些部门都变成分公司，让年轻人出任社长就和 CyberAgent 的方法一样了。这样一来，不仅能够提高业务效率，还有机会诞生出外部展开的新业务。

只要能像这样将新事业与传统事业相结合，就可以实现事业成长与人才成长的良性循环。只考虑培养人才或者只考虑事业发展都是不对的，请尽可能地思考利用一切形式培养人才的方法。

第五章 利用再教育培养"构想力"

给年轻员工得到充分锻炼的机会

最后,让我们将员工培养分成"20到39岁""40到59岁""退休后"(60岁以后)三个阶段来进行思考。

从20岁开始的20年,员工需要将全部的精力都倾注在工作上。给年轻员工指派一名入职时间不久的员工帮助其彻底掌握实务工作技能,同时通过像CyberAgent那样的新人社长制度来培养新员工开创事业的视角。

20多岁刚毕业就入职的员工,虽然接受了大学和大学院的教育,但只要如今的大学教育不发生改变,那么在学校学习的东西就无法应用到今后的商业活动之中。所以企业不能指望刚毕业的新员工马上就能在企业发挥作用,必须认真地进行再教育。

人才培养的关键在于30岁之前。为了不让学习能力最强的30岁以前的时光白白浪费,企业需要彻底改变新员工的意识。

我在麦肯锡工作的时候,经常对新入职的应届毕业生说:"如果到35岁你还成不了社长的话,那就一辈子也没机会了。"

当然,35岁之后成为社长的人也有很多,但对于进入麦肯锡的人才来说,20多岁的时候就要对身为客户的管理者们给出有建设性的意见，所以必须带着更高的觉悟来开展工作。

可能是因为我经常这样激励他们，所以他们中有很多人都具备了创业者的素质。在这些年轻人中，DeNA（日本电子商务有限公司）的南场智子、M3（日本医疗信息网）的谷村格、从事有机农业运营的 Oisix Ra Daichi（爱宜食·拉·大地有限公司）的高岛宏平等都是年纪轻轻就取得成功的创业者。

他们之所以能够取得成功，就是因为通过改变意识，使自己的目标"可视化"。

我成立的创业者培训学校 ABS 至今已经有 20 个年头。8000 名毕业生如今成立了 800 家公司，其中有 12 家是上市企业。这充分说明，只要抓住机会，任何人都可能创业成功。

可能有的管理者会问："那些超过 30 岁也没有取得成长的员工应该如何对待呢？"对于这个问题，有两个答案。

一种方法是给其设定更高的工作目标，施加强大的压力，也就是通过将其逼入恐惧的深渊来激发出他的潜能。还有一种方法就是给予极高的物质奖励，来激励其努力地工作。

如果在 30 多岁之前没能彻底地锻炼自己，到 40 多岁的时候就无法实现自己的职业目标，不管是企业还是员工都必须认识到这一点，然后努力地通过学习和培训为自己的职业生涯添砖加瓦。

第五章 利用再教育培养"构想力"

对"核心人才"和"非核心人才"分别培养

在30多岁对员工进行彻底的锻炼之后，就可以在40岁之前区分出哪些人是能够成为管理人员的"核心人才"，哪些人是"非核心人才"。要想让企业的经营更加顺畅，除了培养核心人才之外，还要灵活地聘用企业外部的专业人士，将"外部资源化、自动化、节能化"组合起来，见图5-5。

在培养核心人才的时候，可以给他们安排"发展现有事业""成立新事业""降低成本"这三个课题。这些是与公司业绩有直接联系的课题，也是核心人才将来进入管理层后必须认真面对的问题。

通过这些课题还能看出员工擅长的领域，比如有的人擅长开创新事业，但成本意识淡薄。准确地把握员工的性格，在将来对人才进行分配时也会派上用场。

对于非核心人才，应该发掘他们在公司现有业务之外领域的可能性。

我给出的建议是对非核心人才制定"年龄＋工作年数＝75岁"的退职规则。比如大学毕业后23岁入职的人，在工作26年后的49岁时退职。

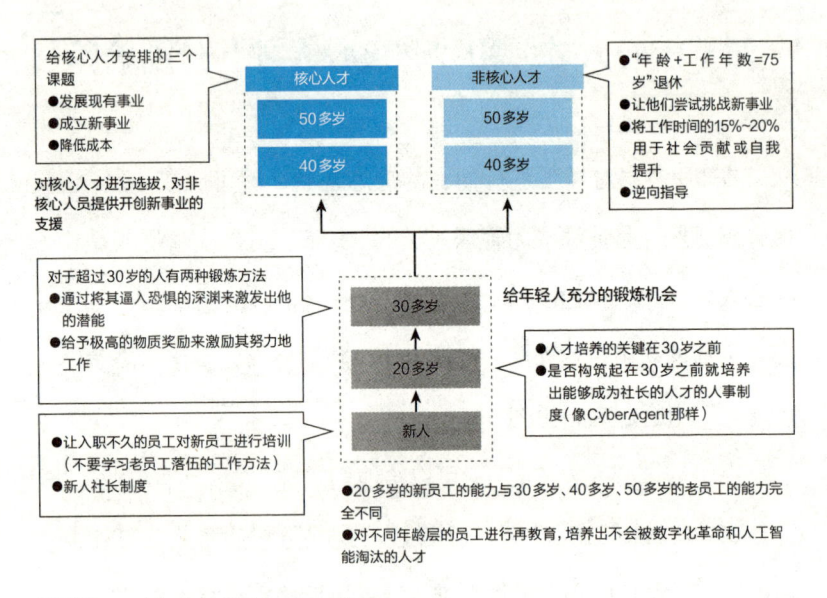

图 5-5 企业如何培养人才

给核心人才安排的三个课题
- 发展现有事业
- 成立新事业
- 降低成本

对核心人才进行选拔,对非核心人员提供开创新事业的支援

核心人才:50多岁、40多岁
非核心人才:50多岁、40多岁

- "年龄+工作年数=75岁"退休
- 让他们尝试挑战新事业
- 将工作时间的15%~20%用于社会贡献或自我提升
- 逆向指导

对于超过30岁的人有两种锻炼方法
- 通过将其逼入恐惧的深渊来激发出他的潜能
- 给予极高的物质奖励来激励其努力地工作

给年轻人充分的锻炼机会:30多岁、20多岁、新人

- 人才培养的关键在30岁之前
- 是否构筑起在30岁之前就培养出能够成为社长的人才的人事制度(像CyberAgent那样)

- 让入职不久的员工对新员工进行培训(不要学习老员工落伍的工作方法)
- 新人社长制度

- 20多岁的新员工的能力与30多岁、40多岁、50多岁的老员工的能力完全不同
- 对不同年龄层的员工进行再教育,培养出不会被数字化革命和人工智能淘汰的人才

©BBT Research Institute All rights reserved.

在此基础上,为这样的员工铺设好退职后的新发展道路也非常重要。比如让他们尝试挑战新事业,或者将工作时间的15%~20%用于社会贡献或自我提升等。

对于不擅长使用信息技术等新工具的员工,逆向指导的制度非常有效。具体来说,就是让年轻员工一对一地教老员工如何使用信息技术工具。资生堂在 2017 年 1 月将逆向指导制度在全公司推广，取得了不俗的成果。

不管是核心人才还是非核心人才，在 40 岁以后的 20 年间，就是将自己之前掌握的技能充分发挥出来的期间，也是为退休后的生活做准备的期间。除了知识和技能之外，培养人脉也是为了实现终身工作的目标不可或缺的关键要素，请务必牢记这一点。

只要认真对工作内容进行合理的规划，即便减少 30% 的工作时间，一样能够维持现有的劳动成果。应该将节省出来的时间用来提前对退休后的工作方法进行研究，并且尽早进行实践和验证。

再教育社会

60多岁的再教育是通往终身工作的桥梁

再教育的最后一个阶段就是60多岁。或许现在很多人都认为"过了60岁的人就是老年人"了,但这种想法是错误的。因为在2045年就将迎来百岁人生时代。

60～65岁退休,就算往少了说80～85岁去世,退休后也有20年的人生。而且,今后开始领取退休金的年龄提高,退休金的数额减少,社会保障费削减等情况将成为现实,所以仅凭储蓄的话不管怎么想都是不够的。

即便是资产充裕的人,每天无所事事,不是躺在沙发上看电视就是带着狗出门散散步,这样度过余生的话实在是有些浪费。我认为,退休之后更应该充满危机感,要比工作时更加珍惜时间,凭借自己的双手养活自己,积极地享受人生。

关于具体的方法,在拙著《50岁开始的"赚钱力"》(小学馆)中有详细的介绍,只要积极地接受再教育,即便在之前的职业生涯中没有很大成就的工薪族,退休后一样可以构筑起充实的人生。

既可以利用工作时建立起的人脉开创自己的事业,也可以利用退休后充裕的时间重新学习新的知识和技能,去新的领域展开挑战。一过50岁就规划好退休后的生活，进行尝试。就算在5次尝试中有4次都失败了，只要有1次成功并走上正轨，那么退休后的生活也算有了保障。毕竟，不尝试就不可能成功。

个人的职业生涯，见图5-6。

前20年 （20~39岁）	●将全部精力都投入到工作当中 ●思考与传统不同的工作方法（物联网、人工智能等） ●利用20年的时间积累经验和知识，以成为该领域的专家为目标
后20年 （40~59岁）	●锻炼大脑的思考能力 ●为退休后的生计做准备 　·维持现有的工作成果，减少30%的工作时间 　·将节省出来的时间用来提前对退休后的工作方法进行研究，并且尽早进行实践和验证 ●积极学习新技能、拓展人脉，为20年后创业做准备
退休后 （60岁以后）	●不要说"我已经××岁了" ●2045年将进入"百岁人生时代" ●坚持学习，避免思想僵化，退休后也能创业或开创副业 ●通过再教育掌握新技能，在"百岁人生时代"享受充实的人生

出处：根据大前研一的记事制作 ©BBT Research Institute All rights reserved.

图5-6 个人的职业生涯

再教育社会

退休后创业在东证一部上市的广濑光雄

假设 2040 年奇点到来,我认为与年轻人相比,最能够发挥能力的反而是老年人。60 多岁的人比年轻人拥有更加丰富的商业活动经验和人脉网络,资金也更加充裕。如果能够利用这些优势,在某种意义上来说,老年人比年轻人创业更容易成功。

坚持学习新知识和新技术,不仅是再就业或从事副业,老年人即便创业也有可能成功。只要有积极学习的态度,就可以在"百岁人生时代"享受充实的人生。我的朋友们就充分地证明了这一点。

Pacific Golf Management(太平洋高尔夫管理公司)的最高顾问广濑光雄和演员加山雄三就是最好的例子。我和他们的对谈刊登在拙著《日本的论点 2019—2020》(当代社)的文末,有兴趣的朋友可以参考阅读,虽然他们都已经 80 多岁,但却充满了惊人的生命力。我先来为大家介绍一下广濑光雄的事迹。

广濑光雄曾经担任过大日本印刷美国公司的社长和强生日本公司的董事长,于 1999 年退任。随后,亲眼见到了日本的高尔夫球场在泡沫崩溃后接二连三倒闭惨状的广濑光雄成立了 Pacific Golf Management。

第五章　利用再教育培养"构想力"

他接连收购倒闭的高尔夫球场，在 2005 年于东证一部上市。广濑光雄学生时代的好友杰克·尼古拉斯曾经对他说"你拥有的高尔夫球场越多就越赚钱"，虽然他亲自实践这个创意已经是 60 岁之后，但仍然取得了成功。

日本人一到了中老年，很容易被"我做不到""肯定会失败""不能这样做"之类的固有观念束缚，但从今往后请绝对不要用"我已经××岁了"来当作借口。

加山雄三的魄力

加山雄三与广濑光雄是高中、大学时候的同学。大家都知道他的身份是演员和歌手，但事实上他还经营着滑雪场和旅馆等事业，虽然这些事业经营起来非常辛苦，但他本人却丝毫也没有退缩。

加山雄三从 59 岁开始学习油画，据说最初的动机是想要亲自教孙子画画，但现在他的水平已经达到每年都能开一次个人画展的程度了。

除了油画之外，他还积极地制作陶艺和漆器等作品，而且每次都迅速地销售一空。像加山雄三这样从 60 岁开始踏入未知的领域并大展拳脚的案例，可以说是"百岁人生时代"最好的榜样。

2018 年，加山雄三那艘著名的游艇"光进丸"发生火灾而彻底报废。

我在电视新闻里看到加山雄三泪流满面的情景，心想这件事对他的打击一定很大，于是我向他提议，通过众筹来重建光进丸。以"和加山雄三一起出海旅行"为卖点，至少能筹集到 5 亿日元左右的资金。

但当我向他提起这件事的时候，却惊讶地发现他已经开始着手设计新的游艇,而且连赞助商和资金都搞定了。新的游艇不使用化石燃料,而是利用风能和太阳能作为动力,加山雄三还说"想用这艘船环游世界"。

他当时之所以哭泣,是因为想到光进丸被烧毁会给很多人带来麻烦,而他本人并没有因此而气馁。这件事让我更进一步认识到加山雄三这个人的强大之处。

加山雄三和广濑光雄都是在 60 岁之后坚持学习,并且取得了实际的成果。广濑光雄曾经说过"就算上了年纪,学习仍然让我感到快乐",只要以这种好奇心作为动力,再加上工作时锻炼出来的"赚钱力",即便面临"百岁人生时代"也没什么好怕的。活到老、学到老,将想法付诸行动的气概决不能丢。

要想积极地度过晚年时光,就必须充分地将再教育利用起来。希望通过本书,能让更多的读者认识到再教育的重要性,度过充满希望的人生。

【第五章的关键词】

鸿海

鸿海是成立于 1974 年的电子设备生产企业,总部位于中国台湾,是世界最大型电子设备代工企业。苹果和软银等世界大型企业都委托其生产智能手机。

"38 岁退职制"

"38 岁退职制"是 Recruit 的人事制度。员工在 38 岁退职时能够得到一笔"创业补助金",帮助其独立创业。